Sandra Schneider

Denn Ihr fühlt nicht wie wir

Tagebuch eines Pferdes

Sandra Schneider

Denn Ihr fühlt nicht wie wir

Tagebuch eines Pferdes

BILDNACHWEIS
Fotos Honey: Martina Tiedemann & Zauberwaldfoto
Fotos Sandra Schneider: Jasmin Ziegler
Foto Martin Rütter: Marc Rehbeck
Zeichnungen: Mariko van Bebber

IMPRESSUM
Lektorat: Susanne Kreuer

Cover:
Umschlaggestaltung und Grafikdesign: Martina Tiedemann und Susanne Kreuer
Foto Honey: Martina Tiedemann & Zauberwaldfoto
Foto Sandra Schneider: Jasmin Ziegler

© Pepper Verlag
2014

ISBN-13: 978-3-9816467-1-9

Alle Angaben und Methoden in diesem Buch sind sorgfältig geprüft und erwogen worden. Sorgfalt bei der Umsetzung ist indes dennoch geboten. Der Verlag übernimmt keinerlei Haftung für Personen-, Sach- und Vermögensschäden, die in Zusammenhang mit der Anwendung und Umsetzung entstehen können.

Alle Rechte vorbehalten
All rights reserved

Das Werk einschließlich aller seiner Teile ist urheberrechtlich geschützt. Jede Verwertung außerhalb der engen Grenzen des Urheberrechtsgesetztes ist ohne Zustimmung des Verlages unzulässig und strafbar. Dies gilt insbesondere für Vervielfältigungen, Übersetzungen, Mikroverfilmungen und elektrische Speicherformen sowie die Einspeicherung und Verarbeitung in elektronische Systeme.

Printed in Germany

Danksagung

Mein ewiger Dank gilt der besten Pferdefrau dieser Welt, *Katrin Silva* aus New Mexico. Katrin, ich habe bei Dir 2003 die wichtigste Lehrzeit meines Lebens verbracht – Du hast mir unglaublich viel über Pferdetraining beigebracht und mich unendlich inspiriert. Die Worte, mit denen ich Dir danken könnte, müssten erst noch erfunden werden.

Der andere Mensch, dem ich von Herzen für seine Unterstützung danke, hat mit Pferden rein gar nichts zu tun. Danke, lieber *Ansgar* – ohne Dich hätte ich weder den Schritt gewagt, Trainerin zu werden noch würde es dieses Buch geben. Du warst für mich da, wenn mich der Mut verlassen hat, hast mich stark gemacht und meinen Flügeln wieder beigebracht, wie man fliegt.

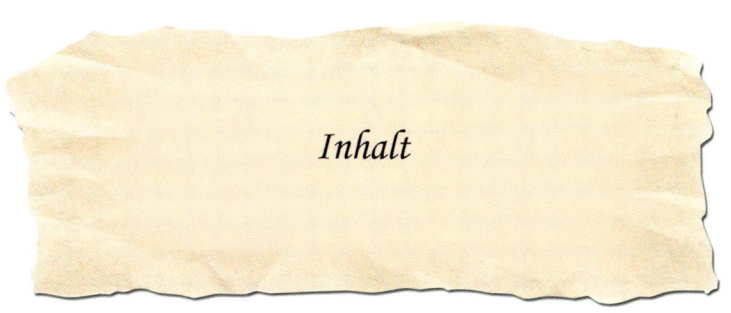

Inhalt

Vorwort Martin Rütter — 6

I.	Wie alles begann …	9
II.	Die Mensch-Dinger	21
III.	Abschied	43
IV.	Ein neues Zuhause	59
V.	Ende der Kindertage	77
VI.	Blind ausgeliefert	87
VII.	Gefangen in einem Albtraum	97
VIII.	Angst im Nacken	109
IX.	Die Begegnung	117
X.	Nein sagen	131
XI.	Aufgeben	145
XII.	Erwachen	153
XIII.	Das verschenkte Glück	163
XIV.	Unbrauchbar	179
XV.	Endstation	187

Vorwort

Wie oft ich in meinem Alltag als Hundeprofi zu Menschen schon Sätze gesagt habe wie „Ihr Hund denkt grad…", „Für Ihren Hund fühlt es sich so an…" kann ich nicht mehr zählen. Früher wurde ich für die These, dass Hunde fühlen und zum Teil sogar strategisch denken, belächelt. Heute ist wissenschaftlich längst belegt, dass Tiere denken und fühlen. Kein Mensch, der bei klarem Verstand ist wird das heute noch infrage stellen. Als ich Sandra Schneider kennenlernte und ihre Art des Trainings und Umgang mit Pferden beobachten durfte, habe ich mich häufig selber wiedererkannt. Es war für mich sofort zu spüren, dass Sandra nicht nur einen besonderen Zugang zu Pferden hat, sondern vor allem Menschen die Augen öffnen kann, um ihnen die gesamte Welt der Pferde nahe zu bringen. Sie schafft es nicht nur in ihren Seminaren, sondern besonders durch dieses Buch uns Menschen sehr deutlich, aber vor allem sehr nachvollziehbar klar zu machen, dass ALLE Probleme, die ein Pferd entwickelt, von Menschen gemacht wurden. Sich auf dieses Buch einzulassen, bedeutet vor allem, sich wirklich auf die Natur der Pferde einzulassen. Für mich persönlich war es hoch spannend die Geschichte des Pferdes Honey zu lesen. Es ist im Grunde so naheliegend das Pferd selbst „zu Wort kommen zu lassen", denn erst dadurch wird uns Menschen bewusst, wie schnell Fehler im Umgang mit einem Tier dazu führen können, dass schnell ein Vertrauensverlust entstehen kann und dass viele Dinge, die

Menschen von Pferden abverlangen, gegen die Natur der Pferde sind. Natürlich ist dieses Buch ein Pferdebuch und absolute Pflichtlektüre für jeden Pferdeinteressierten, aber dadurch, dass sich Sandra entschieden hat, es in eine besondere Art der Romanform zu verfassen, ist es auch noch zusätzlich ein unterhaltsames Buch für Menschen, die mit Pferden bisher überhaupt keinen Kontakt hatten. Aber ich möchte Sie, liebe Leser(innen), auch vor diesem Buch warnen: Sollten sie seit vielen Jahren Pferdeliebhaber sein, werden Sie – nachdem sie das Buch gelesen haben – unter Umständen einiges mit ganz anderen Augen sehen. Sollten Sie aber noch nie Kontakt zu Pferden haben, werden sie am Ende dieses Buches ziemlich sicher in die ganz besondere Welt von Sandra Schneider und den Pferden eintauchen wollen...

Ihr Martin Rütter

Foto: Marc Rehbeck

„Das Kind schüchtert dich stets ein, als hielte es ein Wissen zurück. Und darin täuschst du dich nicht, denn sein Geist ist stark, bevor du ihn verkümmern lässt."
(Antoine de Saint-Exupéry)

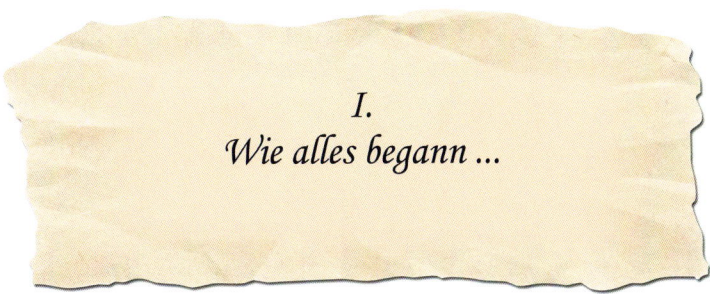

I.
Wie alles begann ...

Es war der Tag, an dem die ersten großen Vogelschwärme über uns hinwegzogen. Die Blätter an den Bäumen hatten begonnen, ihre Farbe zu ändern und anders zu riechen. Auch das Gras war nicht mehr so süß und viel trockener als noch vor ein paar Wochen. An diesem Tag zogen wir wie immer bei Sonnenaufgang zur Wasserstelle – ein großer schwarzer Bottich, vor dem ich schon längst keine Angst mehr hatte.
Meine Mutter durfte mit den ersten gemeinsam trinken – und somit auch ich. Die anderen warteten geduldig, bis sie an der Reihe waren. Gähnend und schnaubend standen wir noch eine Weile herum, bevor jeder wieder seinen eigenen Weg ging, zum Grasen oder Dösen – doch immer blieben wir in Hörweite der anderen.

Lange warme Tage lagen hinter uns. Sie waren angefüllt von schlafen im Schutz meiner Mutter, saufen und ein bisschen Gras probieren, herumtollen mit den anderen, alles in meiner Welt erkunden und sich schließlich ganz mutig immer weiter von Mutter entfernen. Aber nie so weit, dass ein paar Sprünge meiner langen Beine mich nicht in Windeseile wieder zu ihr getragen hätten. Wunderbar waren diese Tage. Ich fühlte mich so sicher, so wohl behütet und hätte niemals gedacht, dass sich daran jemals etwas ändern würde.

Es war der Tag, an dem ich das erste Mal den kalten Nordwind spürte und mich dicht an meine Mutter kuschelte. Meine Freunde und ich jagten so schnell wir konnten über die Wiese und wurden ein- oder zweimal von den Erwachsenen zurechtgewiesen – aber egal! Es war so schön, mit dem Wind, um die Wette zu rennen. Es war der Tag, an dem sich alles veränderte.

Ich lag zu den Füßen meiner grasenden Mutter, als sie sich nach oben streckte, den Kopf hob und die Ohren spitzte. Dann hörte ich es auch: Ein merkwürdiges Geräusch, das ich noch nie wahrgenommen hatte. Geschwind stand ich auf meinen Füßen und sah, dass dieses Geräusch vom Weidetor her kam. Es war geöffnet worden und hindurch trat das Erschreckendste, was ich je gesehen hatte: Ein Wesen, das nicht wie wir auf vier Beinen lief, sondern auf zweien. Sollte das wohl ein Hals sein dieses kurze Ding, auf dem die runde Kugel saß? Ein Kopf vielleicht? Aber wo waren die Ohren? Die

Gestalt bewegte sich auf uns zu. Ich versteckte mich hinter meiner Mutter und stupste sie fragend an.
„Ein Mensch", sagte sie. „Sei auf der Hut vor ihnen."
Die anderen in der Herde blickten mit gespitzten Ohren zu diesem Mensch-Ding, flohen aber nicht. Auch meine Mutter blieb, wo sie war. Mein Herz raste. Ich konnte meine Augen nicht von der Gestalt wenden, als sie durch die Herde ging und eines ihrer langen Körperteile nach einigen der Erwachsenen ausstreckte und sie damit berührte.

Immer näher kam dieses merkwürdige Etwas mit seinen steifen Bewegungen. Dann stand es direkt vor meiner Mutter. Ich blieb so weit weg wie möglich und war außer mir vor Angst.
„Na, wen haben wir denn da? Lass Dich mal anschauen, Baby."
Geräusche konnte es auch machen. Unheimlich! Es kam um meine Mutter herum – nun auch noch in geduckter Haltung – seine Augen fixierten mich und es streckte seine Gliedmaßen nun nach mir aus.

Ich wich aus, versuchte, auf die andere Seite meiner Mutter zu kommen, aber das Ding erkannte meine Absicht und folgte mir, blockierte meine Bewegung. Ich rannte! Nur weg! Weg von dieser Gestalt, die so fremd roch und mich bedrohte. In sicherer Entfernung blieb ich stehen. Das Mensch-Ding schüttelte seinen winzigen Kopf und entfernte sich von meiner Mutter. Auch meine beiden kleinen Freunde bedrohte es und sie flohen vor ihm. Schließlich verließ es die Wiese und ich spürte über die Entfernung zwischen uns Emotionen, die ich bisher nie wahrgenommen hatte: Es fühlte sich an wie Angst, aber nicht ganz. Angespannte Muskeln und schneller Atem, ein pochendes Herz. Langsam trottete ich zur Herde zurück, noch immer zittrig und mit staksigen Beinen. Fragend sah ich meine Mutter an, die schützend ihren Hals über mich legte und mich anbrummelte. Alles war gut. Das Mensch-Ding war bald hinter dem Tor verschwunden und vergessen.

Zum Glück hatte ich keine Ahnung, was als nächstes passieren würde. Ich saugte fröhlich an den Zitzen meiner Mutter und konnte gar nicht genug kriegen von dem süßen Saft. Warum kam da nur immer so wenig heraus?! Als ich das Geräusch erneut vernahm, von dem ich nun wusste, dass es das Öffnen des Weidetors bedeutete, verschluckte ich mich fast vor Schreck, ließ die Zitze los und riss den Kopf hoch. Was ich sah, ließ mich versteinern vor Angst. Der Mensch war zurück; aber nicht allein: Es waren noch drei weitere bei ihm und sie kamen mit großen Schritten auf die Weide marschiert. Zitternd versteckte ich mich hinter meiner Mutter und blickte unter ihrem Bauch durch. Dieser Geruch! Alles um mich herum war erfüllt davon und von etwas anderem, das ich nicht recht zuordnen konnte. Die ganze Luft schien angespannt zu sein und dick wie Nebel.

Die Ungeheuer bildeten einen Halbkreis und gingen langsam auf meine kleine Freundin Sue und ihre Mutter zu. Einer berührte die

Mutter am Hals und stieß fremde Laute aus. Die anderen umzingelten meine Freundin, die versuchte zurückzuweichen, aber da war kein Ausweg. Überall waren die Mensch-Dinger um sie herum. Und dann … stieß einer von ihnen nach vorne, packte zu und umfing Sue mit seinem Körper. Sie zappelte und versuchte, freizukommen. Warum kämpft die Mutter nicht für sie, dachte ich nur? Warum hilft niemand? Dann sah ich die Seile in den Händen des ersten Menschen, der morgens schon auf unserer Weide gewesen war. Er band ein geknüpftes Seil um den Kopf meiner Freundin und hielt sie daran fest. Die anderen Menschen ließen den Körper nun los und Sue versuchte wegzulaufen. Doch das Ungeheuer hielt sie mit dem Seil fest, sodass sie nicht entkommen konnte. Ich war unfähig zu fliehen und klebte an der Seite meiner Mutter. Wie erstarrt beobachtete ich, wie einer der Menschen eine kleine Kiste öffnete und etwas herausholte, das er an den Körper meiner Freundin hielt. Sue sprang weg und der andere Mensch umklammerte sie daraufhin wieder, sodass sie sich kaum noch bewegen konnte. Was genau geschah, konnte ich nicht sehen – wollte es nicht sehen! Mir war schlecht vor Angst und mein Magen drehte sich um. Statt der normalen kleinen Äpfel schoss braune Brühe aus meinem Popo, die mir die Beine herunterlief.

Nach einer halben Ewigkeit ließen die Menschen von Sue ab und entfernten das Seil an ihrem Kopf. Meine kleine Freundin sprang sofort davon, gefolgt von ihrer Mutter. Erst am Zaun blieb sie stehen, fixierte die Fremden und ließ sie nicht mehr aus den Augen. Ich konnte ihre Angst spüren. Sue, die sonst so frech und ungehalten mit mir über die Weide stürmte und sich dreist mitten durch die anderen den Weg bahnte, stand mit weit aufgerissenen Augen am Ende der Weide und ihr Herz raste.

Mir blieb wenig Zeit, mir über Sue Gedanken zu machen, denn nun kamen die Schreckensgestalten auf meine Mutter und mich zu. Die

Seile schwangen bedrohlich hin und her. Scharfe Augen fixierten uns und wie schon zuvor bildeten die Menschen einen Halbkreis um uns. Ich ging rückwärts und versteckte mich wieder hinter meiner Mutter, die die Nüstern krauszog. Ihre Augen wurden zu Schlitzen, sie legte die Ohren flach an den Kopf, drehte sich blitzschnell und trat nach den sich nähernden Menschen aus, während sie aggressiv quietschte. Ich hatte es gewusst! Meine Mutter würde nie zulassen, dass mir etwas derart Schlimmes geschah wie Sue. Sie würde für mich kämpfen. Niemand war stärker als sie! Das dachte ich zumindest so lange, bis der Mensch mit den Seilen brüllte und das Seilende so lange nach meiner Mutter warf, bis diese zurückwich. Er jagte sie von mir weg, während die anderen Menschen mich umzingelten und von meiner Mutter trennten. Mein Herz hörte auf zu schlagen und meine Gedanken rasten. Dann fiel mir ein, was meine Mutter getan hatte und ich drehte mich blitzschnell um und keilte aus – so fest ich konnte.

Meine Hufe trafen auf etwas Festes und einer der Menschen schrie. Dann stürzten sie sich auf mich, einer umklammerte mich an Brust und Hinterteil und ich zappelte nach Leibeskräften, konnte aber nicht mehr treten und mich kaum noch bewegen. Ein weiterer Mensch hielt nun meinen Kopf fest, zog mir das geknotete Seil über und der dritte öffnete diese Kiste. Ich konnte nichts sehen, spürte nur, wie etwas Kaltes meinen Bauch berührte; dann ein kurzer, stechender Schmerz; ich trat um mich und einer der Menschen boxte mich in die Seite. Dann riss man mir nacheinander alle vier Beine nach oben und hielt sie fest. Ich wollte nur noch sterben … weit weg von hier sein. Wie gelähmt hielt ich still und versuchte, nicht mehr zu atmen. Vielleicht würden sie mich loslassen, wenn sie dachten, dass ich tot sei?

Irgendwann band man mir das Seil vom Kopf und die Ungeheuer gaben mich frei. Ich rannte blind los. Nur weg von hier – egal wohin. Wie gut es tat, den Boden unter meinen fliegenden Hufen zu spüren und zu rennen. Als ich anhielt, war ich außer Atem und nass vom Schweiß. Ich wieherte nach meiner Mutter; sie antwortete und ich trabte zu ihr. Wieder legte sie ihren Hals über mich, um mir zu sagen, dass alles gut sei. Aber nichts war gut! Gar nichts! Fremde waren in meine Welt eingedrungen und hatten sie zerstört.

✫✫✫✫✫✫✫✫✫✫✫✫✫✫

Für ein Pferd gibt es nichts Schöneres und Gesünderes, als in einem Herdengefüge aufzuwachsen und seine Kindheit draußen auf der Weide zu verbringen. Das gewährleistet eine optimale psychische und physische Entwicklung. Das junge Pferd lernt, im Sozialverband klarzukommen, sich unterzuordnen, sich zu behaupten und genießt die Sicherheit dieses geschützten Kreises. Es kann sich frei bewegen, austoben, laufen und springen. Keinesfalls sollte ein Fohlen mit seiner Mutter in „Einzelhaft" in eine Box gesperrt werden – dabei nimmt das kleine Tier meist irreparable Schäden an Körper und Seele.

Das Leben innerhalb einer Herde bietet Sicherheit, Geborgenheit und Freiraum. Der Kontakt zu Artgenossen erhält die psychische und physische Gesundheit, wobei der Familienverbund dafür sorgt, dass sich die Pferde wohl und behütet fühlen.

Die meisten Pferde dürfen nun aber nicht ihr Leben lang in ihrer Stammherde leben und frei durch die Welt ziehen, sondern sollen irgendwann durch den Menschen ausgebildet und zum Reitpferd gemacht werden. Daher ist es sinnvoll, das junge Pferd schonend und vorsichtig an den Menschen zu gewöhnen – und zwar, bevor dies wirklich notwendig wird!

Geht man spielerisch und entspannt an die Sache heran, wird die Annäherung an den Menschen für das kleine Pferd angenehm und ohne Schrecken verlaufen – der erste Eindruck zählt. Und wenn die erste Begegnung gründlich schief geht, ist dies keine gute Basis für eine vertrauensvolle Mensch-Pferd-Beziehung.

In unserem Fall besteht der erste Kontakt zum Menschen in einer Begegnung mit dem Tierarzt, der das kleine Pferd untersucht, spritzt und die Hufe begutachtet. Geht man die Angelegenheit überhastet und unvorbereitet an, kann man ein Pferd mit einer solchen Aktion in höchstem Maße traumatisieren und dafür sorgen, dass das Tier im Menschen erst einmal eine Gefahr sieht – zumindest aber etwas sehr Unangenehmes. Das wieder auszubügeln, ist um ein Vielfaches schwieriger, als von Anfang an mit Vernunft und Sanftmut zu handeln.

Viele Pferdemenschen sind Verfechter des sogenannten „Fohlen Imprint-Trainings", bei dem das gerade geborene Pferd sofort überall vom Menschen angefasst, an allen Körperöffnungen berührt und mit Halfter, Bürste usw. konfrontiert wird. Ich bin überhaupt kein Freund davon, ein Neugeborenes mit all diesen Dingen zu drangsalieren. Genauso ist es mit Sicherheit falsch, das Fohlen drei Jahre lang auf einer Weide sich selbst zu überlassen, um es dann ins Anreit-Training zu nehmen. Ein gesunder Mittelweg ist gefragt, bei dem das Pferd aber möglichst NUR positive Erfahrungen mit dem Menschen sammelt.

WIR haben es in der Hand: In sehr jungem Alter wird bestimmt, ob das Pferd gerne mit dem Menschen zusammen ist, ob es Spaß am Lernen hat und gerne für uns „arbeitet" oder, ob diese zweibeinigen Wesen für ihn nur Druck, Angst und Beklemmung bedeuten. WIR haben die Wahl – seien Sie sich also dieser großen Verantwortung bewusst, wenn ein Fohlen in Ihr Leben tritt!

Die frühkindlichen Erfahrungen bestimmen das weitere Leben eines Pferdes in einem erheblichen Maße. Positive Erlebnisse und ein schonender Umgang mit Körper und Seele fördern das Vertrauen in den Menschen.

„Die Brücke der Begegnung heißt:
Entgegenkommen."
(Alfred Rademacher)

II.
Die Mensch-Dinger

Die Nächte wurden kälter und die Tage kürzer. Alle hatten wir einen dicken Winterpelz bekommen und rückten gelegentlich eng zusammen, um uns gegenseitig Wärme zu geben. Wir verbrachten nun mehr Zeit in dem großen Unterstand als draußen, wo es nicht mehr viel Gras gab. Mühsam knabberte ich an den letzten Resten und probierte auch Kräuter, die ich sonst eigentlich gemieden hätte.

Die Mensch-Dinger waren jetzt fester Bestandteil unseres Lebens geworden. Jeden Tag kamen zwei von ihnen mit einem unfassbar lauten, großen, stinkenden Etwas angefahren, drangen in unsere Weide ein und erschreckten uns Kleinen erst einmal damit zu Tode. Die Großen hingegen schienen sich sogar über die Ankunft dieses Riesenmonsters zu freuen. Sie blubberten es begrüßend an und gingen sogar ein paar Schritte darauf zu. Die Tollkühnsten unter ihnen trauten sich sogar, das Ding mit den Nasen zu berühren und zu verfolgen. Ich war außer mir! Verschreckt rannte ich über die Weide, wie Sue und mein kleiner Freund Bandit ebenfalls. Das Monster kam aber nicht näher und so schauten wir drei aus sicherer Entfernung, wie die beiden Menschen mit dicken Stangen, an denen dünne Eisenstäbe befestigt waren, getrocknetes Gras von dem wandelnden, übel riechenden, dröhnenden Felsen abluden. Dann kletterten sie darauf herum und verließen in einem großen Bogen laut knatternd unsere Weide.

Wir drei trauten uns nun auch zu den Erwachsenen hinüber, die um das Gras herumstanden und zupften vorsichtig an den Halmen. Oh, war das gut! Zwar schmeckte es nicht so süß und saftig wie frisches Gras, aber man musste es nicht ausrupfen und es gab einen ganzen Haufen davon! Wir standen glücklich um den Heuberg; ab und zu wurde jemand von seiner Position verscheucht, wenn er falsch stand oder einem anderen zu nahe gekommen war. Ansonsten herrschte stiller Friede. Wir schnaubten und genossen zufrieden das Geschenk der Mensch-Dinger.

Da wir nun wussten, was uns erwartete, rannten wir drei Kleinen nach ein paar Tagen auch nicht mehr so weit weg, wenn das stinkende Monster unsere Weide betrat. Bandit war der Mutigste von uns – er war auch der Älteste von uns dreien. Er tat es den Großen bald nach, indem er auf den Grastransporter zuging, wenn er angerollt kam. Die beiden Menschen, die uns das Geschenk Tag für Tag brachten, gehörten nicht zu den anderen, die uns vor einiger Zeit überfallen hatten. Sie rochen anders und waren nicht umgeben von dieser beängstigenden Wolke. Sie machten lustige Geräusche. Das schien ihre Sprache zu sein, denn sie unterhielten sich darin und streichelten die Erwachsenen oft am Körper. Sowohl beim Menschen als auch bei uns anderen spürte ich dabei eine andere Art der Emotion: Es fühlte sich weich an, liebevoll und unaufdringlich. All das schwang über die Entfernung in der Luft mit und breitete sich aus. Es gab mir ein Gefühl der Sicherheit und überwog irgendwann den Schrecken, den der Mensch und das ratternde Monster zuerst bei mir ausgelöst hatten. Dennoch war ich jederzeit auf der Hut und konnte erst wieder richtig frei atmen, wenn die Truppe unsere Wiese verlassen hatte.

An einem sonnigen, eiskalten Morgen kamen die beiden Menschen wieder, um uns das Gras zu bringen. Mittlerweile wurden sie schon sehnsüchtig erwartet und von unserer ganzen Herde begrüßt. Diesmal blieb ich eng bei meiner Mutter stehen und rannte nicht weg. Mittlerweile war ich so groß, dass ich mich nicht mehr hinter ihr verstecken konnte. Trotzdem gab ihre Anwesenheit mir Schutz und Sicherheit. Ich war ganz nah an einem der Menschen. Ein einziger Sprung und ich hätte direkt neben ihm gestanden. Neugierig beobachtete ich seine Bewegungen und nahm die Stimmung wahr, die von ihm ausging. Nichts Beängstigendes kam bei mir an und mit gespitzten Ohren wich ich nicht von der Stelle. Anders als der zweite Mensch hatte dieser langes Fell an seinem kleinen Kopf. Doch wo waren die Ohren? Wie teilten diese Wesen wohl einander ihre Stimmung mit wunderte ich mich, als der Mensch sich zu mir drehte und mich direkt anschaute. Er lehnte das Holz-Ding an den Pfosten des Unterstandes und streckte mir eines seiner Vorderbeine entgegen, die oben aus dem Körper herauswuchsen und in der Luft hingen. Merkwürdige dünne Tentakel befanden sich am Ende des Vorderbeins und bewegten sich. Gebannt starrte ich sie an, machte mich ganz lang, streckte meinen Hals soweit ich konnte und schnupperte daran. Eine unglaubliche Mischung aus fremden Gerüchen drang in meine Nase. Ich zog die Oberlippe hoch und streckte den Kopf nach oben, um den Geruch verarbeiten und zuordnen zu können. Der Mensch mit dem langen Fell machte ein gluckerndes Geräusch, das sich fast wie Wiehern anhörte und nahm wieder seine Arbeit auf. Ich entspannte mich und traute mich wie die anderen an den Grashaufen heran – schon bevor die beiden Menschen verschwunden waren.

Am Tag danach warteten wir alle wieder auf das tuckernde Geräusch der Riesenmaschine, die unser Gras brachte. Sobald wir das Brummen in der Ferne hörten, wurden wir ungeduldig und manchmal brach sogar ein kleiner Tumult aus, wenn die besonders Hungrigen die Rangniedrigen wegjagten, um klarzustellen, wer als erstes mit Fressen an der Reihe war. Als das Monster durchs Tor gefahren kam, trauten sich mittlerweile fast alle ganz dicht heran, um schon von der Schaufel, die über unseren Köpfen hing, ein paar Halme zu ergattern. Die Schaufel senkte sich, das Knattern hörte auf und die beiden Menschen sprangen von der Maschine, um das Gras von der Schaufel zu befördern. Wie jeden Tag war wieder der Mensch mit dem langen Fell dabei. Auch diesmal hielt er in der Arbeit inne, legte den Kopf schief und sah mich an.

„Na, junge Dame. Du bist ja richtig vorwitzig geworden!"

Wieder streckte die Gestalt das tentakelbehaftete Vorderbein nach mir aus und ich schnupperte vorsichtig daran, blieb aber so weit, wie möglich davon entfernt und ließ das fremde Wesen nicht aus den Augen. Es konnte sich jeden Moment auf mich stürzen! Wer wusste das schon? Doch es blieb ruhig stehen und ließ mich gewähren. Mit meinen Lippen untersuchte ich vorsichtig die Beschaffenheit der Tentakel und des Stück Vorderbeins, an dem sie befestigt waren. Der

Mensch blieb weiterhin ruhig stehen. Keine Bedrohung ging von ihm aus und ich traute mich ein wenig näher heran – noch immer sehr auf der Hut und sprungbereit. Ich beschnupperte den merkwürdigen Körper des Menschen, der nicht von Fell, sondern von etwas Fremdartigem, Undefinierbarem überzogen war. Ich zupfte vorsichtig daran. Es schmeckte merkwürdig. Langsam streckten sich die Tentakel wieder nach mir aus und berührten mich leicht am Hals. Ich wich zurück, außerhalb der Reichweite der Tentakel, spürte aber noch immer keine Gefahr. Die Neugierde überwog und ich traute mich wieder an die Gestalt heran. Wieder die Berührung am Hals. Nicht unangenehm. Ich ließ es geschehen. Aus der Berührung wurde ein Kratzen. Erst leicht, dann etwas fester. Großartig fühlte sich das an – fast so, als würde ich mit Bandit in Freundschaft Fellpflege betreiben. Ich blieb stehen und genoss. Ließ mich am Hals, an der Schulter und an der Brust kratzen, verdrehte die Augen und vergaß sogar meine Vorsicht. Irgendwann hörte der Mensch unvermittelt auf. Ich blickte ihn an.

„Bis morgen, Süße", kam aus seinem Mund.

Natürlich verstand ich kein Wort. Die beiden Menschen stiegen auf das Monstergerät, das Rattern ging wieder los und sie zogen von dannen.

Bald kam der erste Schnee – der erste Schnee meines jungen Lebens! Wir rasten in dem weißen Zeug umher, wälzten uns darin und waren völlig fasziniert davon, dass die ganze Welt plötzlich anders aussah, anders roch, sich anders anfühlte. Ich wurde von Tag zu Tag stärker und hatte so viel Energie, dass ich mit den anderen ohne Unterlass durch die weiße Pracht tobte und wir unsere Kräfte testeten.

Jeden Tag brachten der Langfell- und der Kurzfellmensch uns Futter. Seitdem es so kalt geworden war, und gar kein Gras mehr auf der Weide war, auch Möhren und Äpfel. Und ich bekam vom Langfellmenschen meine Streicheleinheiten. Die Welt war wieder in

Ordnung. Zwar hatte ich den Schrecken nicht vergessen, den die anderen Menschenwesen mir zugefügt hatten, aber er war in den Hintergrund gerückt und kaum noch spürbar.

Irgendwann kam die Zeit, in der die Tage wieder länger wurden und der Schnee zu schmelzen begann. Die Nächte waren nicht mehr so bitterkalt und auf dem Boden begann zaghaft, das erste Grün zu sprießen. Langsam kam der Frühling. Die Luft roch anders, die Geräusche veränderten sich um uns herum und die Farben kehrten zurück. Alles, was so lange grau gewesen war, erwachte zu neuem Leben. Die Sonne wärmte unser Fell und wir genossen es, dösend die erste Wärme aufzusaugen.

An einem dieser schönen Vorfrühlingstage kamen die beiden Gras-Menschen noch einmal zu uns auf die Wiese, nachdem sie uns morgens gefüttert hatten. Diesmal ohne das ratternde Monster, dafür aber mit einem Seil in der Hand. Ich wurde sofort misstrauisch und beobachtete die beiden ganz genau.

„Versuch Du es mal", sagte der Kurzfellmensch zu dem anderen.

„Du hast doch einen guten Draht zu ihr, Louise." Der Langfellmensch zuckte seine Schultern.

„In Ordnung – ich tue mein Bestes." Mit diesen Worten kam die Gestalt in meine Richtung und schaute mich an.

„Honey, wie geht's Dir heute? Komm mal zu mir, alles ist gut." Ich spürte – anders als sonst – eine gewisse Angespanntheit und einen verkürzten Atem bei dem Langfellmenschen namens Louise. Stocksteif blieb ich stehen und ließ sie herankommen, jederzeit zur Flucht bereit. Doch sie kratzte mich wieder an der Brust, hinter den Ohren und am Rücken … herrlich … ich genoss es wie immer. Zwar merkte ich, wie sie mir vorsichtig mit der einen Hand das Seil um den Kopf legte, aber ich ließ es geschehen. Als sie mit dem Kratzen aufhörte, war das Seil fest an meinem Kopf verschnürt, tat aber nicht weh.

„Okay, Honey – das hast Du prima gemacht", sagte Louise. Ihr Herz pochte viel schneller als sonst und ihre Unsicherheit machte mir Angst. Was ging hier vor? Louise ging einen Schritt nach links und ich drehte mich mit ihr. Ein weiterer Schritt von ihr sorgte dafür, dass das Seil in ihrer Hand sich spannte und ich einen leichten Druck im Genick fühlte. Das war unangenehm und machte mir wieder Angst. Ich ging dagegen und drückte den Kopf so hoch ich konnte, aber der Druck ließ nicht nach. Louise hielt das Seil fest, nun mit beiden Händen, und zog. Das Gefühl war beklemmend! Wie konnte ich diesen Druck loswerden? Ich hob den Kopf noch höher, machte ein paar schnelle Tritte nach hinten und zog Louise mit mir. Mit einem Ruck drehte ich mich um, riss mich vom Seil los und rannte davon. Das lange Ding schlug mir gegen die Beine und den Bauch und ich floh davor. Doch es war an mir befestigt – ich konnte es nicht loswerden. Ich trat im Rennen danach und es flog über meinen Rücken, aber ich konnte es nicht abschütteln. Irgendwann blieb ich stehen, meine Nüstern bebten, mit weit aufgerissenen Augen und am ganzen Körper angespannt prustete ich lautstark mit Druck Luft aus der Nase. Louise kam langsam auf mich zu.

„Marc, ich fange sie jetzt wieder ein, aber dann musst Du sie nehmen! Ich kann sie nicht halten", sagte sie im Gehen über ihre Schulter zu dem Menschen mit kurzem Fell.
„Ist gut", erwiderte Marc. „Ich halftere in der Zeit Hella auf." Er ging auf meine Mutter zu, zog ihr ohne Probleme ein ähnliches Seil über den Kopf, wie ich es trug, schnürte es zu und kam mit ihr in unsere Richtung.
Louise näherte sich mir sehr langsam und von der Seite.
„Honey, bitte – ich will Dir nichts tun, mach es mir nicht so schwer", säuselte sie. Ihre Hand streckte sich nach mir aus, berührte mich

leicht, streichelte mich beruhigend und ich entspannte mich ein bisschen. Louise griff nach dem Seilende und hielt es fest, jedoch ohne daran zu ziehen. Marc kam noch näher, Louise übernahm das Seilende, das an meiner Mutter befestigt war und drückte Marc das meinige in die Hand.

„So, kleiner Wildfang, jetzt mal vernünftig!" Mit diesen Worten ruckte Marc am Strickende und wollte mich mit sich ziehen. Wieder dieser Schmerz im Genick und auf der Nase. Ich musste diesen Druck loswerden! Ich riss den Kopf hoch, ging rückwärts – der Schmerz wurde schlimmer, denn Marc hielt das Seilende fest in beiden Händen. Ich schüttelte den Kopf. Was konnte ich nur tun? Ich versuchte, mich zu drehen, aber Marc riss mich am Seil herum und brachte mich aus der Balance. Dann tat ich das Einzige, was mir noch einfiel: Ich stemmte mich hoch auf meine Hinterbeine, machte mich so groß wie möglich und schlug mit den Vorderbeinen nach meinem Peiniger. Endlich ließ der Mensch das Seil los und ich konnte fliehen. Gut! Das hatte gekappt! Beim nächsten Mal würde ich es sofort auf diese Weise versuchen.

„Du blödes, hinterlistiges Mistvieh!", schrie Marc wütend und schmiss seine Kappe vor lauter Hilflosigkeit auf den Boden. Ich hatte ihn nicht mit den Hufen getroffen, aber wenigstens so beeindruckt, dass er von mir abließ. Über die Distanz zwischen uns spürte ich eine Welle von unsagbarem Zorn.

„Wir müssen das anders machen", fauchte er Louise an.

„Geh mit Hella zum Tor raus – dann wird Honey mit Sicherheit folgen." Louise nickte und machte sich mit meiner Mutter auf den Weg über die Weide Richtung Tor, gefolgt von Marc. Ich war unschlüssig, was ich tun sollte und blickte den Dreien nach. Das Tor öffnete sich und meine Mutter wurde hindurchgeführt. Sie blickte sich um und rief nach mir. Ich antwortete und galoppierte in ihre Richtung.

Sie entfernte sich weiter vom Tor und wieherte wieder; ich schrie zurück und blieb am Tor stehen, wo Marc das Seilende wieder packte und mich durch das Tor bugsierte. Ich lief aufgeregt hinter meiner Mutter her, machte mich so groß wie möglich und konnte nicht glauben, was gerade geschah: Die Weide, auf der ich bisher in der Herde gelebt hatte – ja, wo ich auch geboren war, hatte für mich bisher die ganze Welt bedeutet. Nun tat sich hinter dem Tor ein neues Universum auf. Wir gingen bergab einen Feldweg lang. Alles war so aufregend: Eine Bank, ein Holzstapel, ein weißer Zaun – ich war völlig reizüberflutet. Ich versuchte, mich an meiner Mutter zu orientieren, die das alles gar nicht spannend fand und mit hängendem Kopf den Weg entlangtrottete, ihre Ohren in meine Richtung gedreht und lauschend, ob ich auch folgte. Langsam entspannte ich mich ein wenig. Wenn sie keine Angst hatte, musste ich mich wohl auch nicht fürchten. Ab und zu ruckte Marc heftig an dem Strick, der an meinem Kopf und dem Halfter befestigt war und es tat weh. Aber ich versuchte nicht zu fliehen, denn ich wollte nicht von meiner Mutter weg.

Nach einer Weile tauchte vor uns ein unglaublich großes Gebäude auf. Ein Hund kam bellend angelaufen und ich zuckte zurück (dies hatte einen weiteren kräftigen, schmerzenden Ruck von Marc an meinem Halfter zur Folge) und wir wurden über einen Hof auf ein riesiges offenes Tor in das Gebäude hineingeführt. Oh, ich war so aufgeregt. Noch nie war ich innerhalb von vier festen Wänden gewesen! Und wie es hier roch – scharf nach den seltsamsten Dingen, die ich mir nie hätte vorstellen können. Ich folgte einfach meiner Mutter und versuchte, nicht mehr zu denken. Irgendwo wieherte jemand und ich antwortete … und schon wieder ein Ruck am Halfter von Marc. Dann wurde meine Mutter in einen hohen, vergitterten Kasten geführt. Ich wollte hinterher, aber Marc zog mich in den daneben liegenden Kasten, der durch Gitterstäbe und eine halbhohe Wand von dem meiner Mutter getrennt war. Auf dem Boden lag Stroh herum und ich prustete aufgeregt hinein, bevor ich mich wagte, einen Fuß hineinzusetzen. Marc zog mich grob herum, nahm endlich den Strick vom Halfter ab, und schloss die Schiebetür hinter mir. Neben mir wurde die Tür meiner Mutter auch zugeschoben. Ich wieherte leise nach ihr und sie antwortete. Ich drückte meine Nase an die kalten Gitterstäbe, um möglichst nah bei ihr zu sein. Wo waren wir bloß hingekommen? Wo waren die anderen? Wann durften wir zu ihnen zurück?

„Hella kann direkt wieder hoch auf die Weide", sagte Marc vor meinem Käfig. „Die brauchen wir nicht."

Louise schob die Tür zur Nachbarbox auf und führte meine Mutter hinaus. Wunderbar, dachte ich, bestimmt gehen wir jetzt zurück zu den anderen. Doch meine Tür öffnete sich nicht. Hilflos sah ich zu, wie meine Mutter von mir weggeführt wurde. Sie wieherte und ich antwortete verzweifelt. Immer weiter entfernte sie sich und ich konnte ihr nicht folgen! Ich rief so laut ich konnte; schon war sie außer Sichtweite, aber ich hörte noch immer ihre rufende Stimme. Ich schrie, mein Herz raste und ich warf mich gegen die Gitterstäbe, doch sie gaben nicht nach. Wie lange ich noch lauschte, rief und versuchte, einen Blick durch die Stäbe auf den Weg zu erhaschen, auf dem meine Mutter verschwunden war, weiß ich nicht. Irgendwann gab ich auf. Wurde still. Schloss die Augen. Ich war allein. Verlassen an diesem fremden, furchtbaren Ort. Mit diesen Menschen, die mich verraten und eingesperrt hatten. Ohne meine Mutter und meine Freunde. Allein in dieser neuen Welt.

✮✮✮✮✮✮✮✮✮✮✮✮✮

Pferde lieben einen festen Tagesablauf. Sie haben Rituale und ein sehr gutes Zeitgefühl, was z. B. Weidegang oder Fütterung betrifft. Wer seine Pferde immer zur gleichen Zeit füttert, wird sehr wohl merken, dass sie bei der Umstellung von Sommer- auf Winterzeit mit scharrenden Hufen empört auf der Matte stehen, weil der Mensch eine ganze Stunde im Verzug mit Frühstück oder Abendessen ist. Wer seinen Pferden – wie in unserem Fall – Heu mit einem Traktor auf die Weide bringt, kann sehr wohl dafür sorgen, dass die Tiere den Traktor nicht mit Schrecken, sondern mit etwas Positivem verbinden, nämlich mit Futter. Das gilt nicht nur für Traktoren. Mit etwas Fantasie kann man so sämtliche Gegenstände, Umstände oder Traumata in ein für das Pferd besseres Licht rücken. Und das muss nicht immer mit Futter passieren, sondern durch andere für das Pferd positive Reize (z. B. Kraulen, ein Stimmlob oder die Wegnahme von Druck).

Beispiel: Ihr Pferd hat Angst vor Pfützen und will nicht hindurchgehen. Das ist ganz normal! Das Pferd kann nicht abschätzen, wie tief das Wasser ist und welcher Untergrund sich am Grund des Wassers befindet. Als Flucht- und Beutetier wird es also immer bevorzugen, den sicheren Weg um die Wasserlache herum zu nehmen, anstatt hindurch zu gehen. Bewaffnen Sie sich also mit Gummistiefeln und nehmen Sie Ihr Pferd an einen langen Strick. Suchen Sie sich eine einladende Pfütze. Führen Sie das Pferd an den Rand der Pfütze und stellen sie sich selbst hinein. Wenn sie möchten, erzeugen Sie ein paar Wellen. Lassen Sie das Pferd in Ruhe vom sicheren Rand aus schauen, schnuppern und in die Situation hineinfühlen.

Pferde haben häufig Furcht vor Neuem. ‚Zeit' und ‚Geduld' sind die Zauberwörter im Umgang mit einem ängstlichen Pferd. Es sollte Gelegenheit haben, sich mit der unbekannten Situation auseinandersetzen zu dürfen.

Sobald sich das Pferd entspannt, bitten Sie es durch leichten Zug am Strick und einer einladenden Körperhaltung (nicht frontal stehend, sondern dem Pferd seitlich zugewandt), zu Ihnen ins Nass zu kommen.

Viele Menschen signalisieren ihrem Pferd übrigens durch eine falsche Körperhaltung das Gegenteil von dem, was sie eigentlich vom Pferd möchten. Wenn das Pferd zu Ihnen oder mit Ihnen kommen soll, dürfen Sie nicht frontal vor dem Pferd stehen. Eine frontale Körperhaltung bedeutet für das Tier „Abstand halten" und sehr sensible Tiere werden sogar vor Ihnen zurückweichen, wenn Sie eine solche Haltung einnehmen. Ziehen Sie nun auch noch am Strick, geben Sie in den Augen des Pferdes zwei absolut widersprüchliche Befehle. Das Pferd wird unsicher sein, was es tun soll; der Mensch wird ungeduldig, weil der „dusselige Zosse" mal wieder so stur ist: Er fängt an zu schreien, zu ziehen und im schlimmsten Fall rutscht ihm die Hand aus. Und schon haben wir den Vertrauensverlust seitens des Pferdes. Wann immer ein Pferd nicht das tut, was wir von ihm „erwarten", liegt der Fehler bei UNS! Überlegen Sie also ganz genau, ob das Pferd überhaupt verstehen KANN, was Sie von ihm wollen.

Sie stehen also einladend in der Pfütze und geben einen leichten (!) Impuls über den Strick ans Halfter weiter. Und damit meine ich NICHT ZIEHEN. Sehr gut eignet sich für ein solches Vorhaben übrigens das sogenannte *Monty-Roberts-* oder *Dually-Halfter*. Damit baut man Druck auf dem Nasenrücken auf und nicht so sehr im Genick, wo die empfindlichen Schleimbeutel sitzen.
Verlagert Ihr Pferd nun das Gewicht in Ihre Richtung, dann geben Sie sofort ein wenig nach. Verlagert es das Gewicht nach hinten von Ihnen weg, halten Sie den Strick dagegen fest. Seien Sie geduldig, seien Sie einladend, nicht fordernd, üben Sie leichten impulsartigen Druck über den Strick aus und achten Sie ganz genau darauf, was das Pferd tut. Sollte es sich wagen, einen Fuß in die Pfütze zu setzen, sofort den Druck wegnehmen und loben, als hätte das Pferd gerade olympisches Gold geholt.

Lob ist extrem wichtig – sowohl für Pferde als auch für Menschen. Lob ist das Lebenselixier, das die Motivation und die Leistungsbereitschaft eines Wesens auf hohem Niveau hält. Wichtig ist, dass Sie aus vollem Herzen loben! Offenbaren Sie dem Pferd Ihre Gefühle. Ein halbherziges Lob können Sie sich genauso gut sparen. Genauso wie dieses heftige Schlagen auf den Pferdehals, das viele Reiter anwenden. Das Pferd ist sehr empfindsam. Wenn es mit Wucht auf den Hals geschlagen wird, wo Nervenbahnen verlaufen, erschüttern wir das Pferd bis in die Beine. Kein Pferd auf der Welt findet das schön! Nur lernen die Tiere durch Verknüpfung, dass wir das schlagende Klopfen wohl als Lob verwenden.

Ich werde oft gefragt, warum ich dieses überaus nervige „Priiiiiiiiiiiiiiiiiiima" so exzessiv bei Pferden einsetze. Und ganz ehrlich: Mir ist es absolut egal, ob den Menschen das gefällt oder ob sie sich darüber aufregen; bei Pferden funktioniert es. Erstens hat dieses tiefe, lang gezogene Wort etwas mit dem zufriedenen Brummeln eines Pferdes gemeinsam und zweitens wissen die Pferde sehr schnell, dass sie absolut auf der richtigen Fährte sind, wenn dieses Wort ertönt.

Wird die Lieblingsstelle gekrault, dann fühlt das Pferd sich wohl und weiß, dass es etwas richtig gemacht hat. Das fördert die Motivation und stärkt die Bindung.

Egal, welches Wort sie nutzen: Legen Sie Ihr ganzes Herz hinein. Streicheln Sie das Pferd an seiner Lieblingsstelle. Geben Sie dem Pferd das Gefühl, es ist der größte Held auf diesem Planeten. Und Sie werden sehen: Es funktioniert!!!

Das Pferd steht also nun mit einem Fuß in der Pfütze. Sie machen nun auf die gleiche Weise weiter, bis das Pferd ganz bei Ihnen im Wasser steht. Tut es das, lassen Sie es scharren, ins Wasser prusten und tun, was immer es will. Bloß nicht schimpfen, wenn es sie voll Wasser spritzt. Ermutigen Sie es, das fremde Gefilde zu erkunden.

Mut wird dadurch belohnt, dass das Pferd ganz in Ruhe und in seinem Tempo das Wasser entdecken darf. Das eigenständige Ausprobieren fördert die Selbstsicherheit und bestätigt den Vierbeiner darin, dass sich das Vertrauen in den Menschen gelohnt hat.

Wenn Sie unbedingt möchten, können Sie dem Pferd jetzt auch ein Leckerchen geben; aber ehrlich gesagt verzichte ich weitestgehend auf diese Form der Belohnung. Kein Leckerchen der Welt kann dem Pferd das Gefühl vermitteln, gerade etwas ganz besonders Tolles geschafft zu haben. Das können nur SIE!

Jedes Mal, wenn Sie nun an einer Pfütze vorbeikommen, bitten Sie das Pferd hinein und loben es aus tiefster Seele. Sie werden merken, dass das Pferd bald von sich aus anbieten wird, eine Pfütze zu durchqueren, weil es wieder in dieses angenehme Gefühl versetzt werden will, ein Held zu sein.

Gleiches gilt für das Verladen eines Pferdes in einen Hänger, das Durchqueren eines Engpasses, das Laufen über eine Plastikplane etc.

Mir sind schon viele Pferde begegnet, die Angst vor Traktoren haben. Wenn Ihr Pferd dazu gehört, kann ich Ihnen nur empfehlen, das Pferd anwesend sein zu lassen, wenn mit dem Traktor Futter gebracht wird. Schon bald wird es seine Scheu vor dem stinkenden Riesenmonster verlieren.

Pferde sind von Natur aus neugierig – und wie der Fall der kleinen Stute Honey zeigt, erkunden Sie gerne ihre Umwelt und die Wesen, die darin leben. Gibt man dem Pferd Gelegenheit, von sich aus und im eigenen Tempo den Menschen oder eine fremdartige Sache kennenzulernen, kann man viele Probleme umgehen, die man sich selbst schafft, wenn man zu schnell oder unüberlegt das (junge) Tier mit neuen Umständen konfrontiert.

Eine der wichtigsten Grundsätze, die ein junges Pferd in der Ausbildung lernen muss, ist auf Druck nicht mit Gegendruck zu reagieren, sondern nachzugeben. Ob ein Pferd dies grundlegend verstanden hat, ist maßgeblich für das gesamte weitere Training des jungen Tieres, denn ob es Schenkeldruck, Zügelzug oder das Führen am Strick ist: Das Pferd soll niemals gegen den Druck gehen. Es ist der größte Fehler, den unerfahrene Pferdeausbilder immer wieder machen: Das Pferd nicht gründlich dahingehend zu trainieren, auf Druck (und später auf den allerleichtesten, federhaften Druck) zu weichen.

Der Fall der kleinen Honey zeigt, wie schnell man einem Pferd z. B. das Steigen regelrecht *beibringen* kann. Halfterführigkeit lernt sich nicht von heute auf morgen und man sollte schon im Fohlenalter vorsichtig damit beginnen. Und immer gilt: Leichten, impulsartigen Druck, bis das Pferd nachgibt und dann sofort lockerlassen. So und NUR so lernt das Pferd, dem Druck zu weichen. Das *richtige Timing* ist hier absolut maßgeblich und unterscheidet einen Laien von einem Profi. Ein Pferdeprofi muss ein absolut feines Gespür für das richtige Timing haben, um dem Pferd das erwünschte Verhalten beizubringen. Darum sollte man die Ausbildung eines jungen Pferdes unbedingt einem erfahrenen Pferdemenschen überlassen! Mit einem falschen Timing können Sie dem Pferd ansonsten sehr schnell etwas beibringen, was Sie eigentlich gar nicht wollten.

Um einem Pferd Halfterführigkeit beizubringen, ist viel Fingerspritzengefühl gefordert. Im Idealfall folgt das Pferd dem Menschen willig und gelassen.

Ein weiterer wichtiger Grundsatz beim Führen von Pferden ist: Derjenige, der den anderen bewegt, ist der Chef. Das heißt, *Sie* sollten Ihr Pferd bewegen und sich nicht von ihm *bewegen lassen*. Das passiert schneller, als Sie denken: Angenommen, Ihr Pferd bleibt beim Führen einfach stehen. Wetten, dass die meisten Menschen nun zum Pferd zurückgehen, ihm vielleicht sogar gut zureden und es tätscheln, damit es weitergeht? Schon hat das Pferd SIE bewegt – und zwar einfach dadurch, dass es stehengeblieben ist. Es hat gelernt, dass es Sie damit zu sich hin bewegen kann und für seine Bockigkeit nun auch noch belohnt wird.

Honey hat nun leider gelernt, dass der Druck nachlässt, wenn sie lange genug zieht und kräftig genug dagegen geht. Keine gute Voraussetzung für den Start ins Training – aber absolut nicht ihre Schuld! Leider haben die Menschen hier die völlig falsche Herangehensweise gewählt.
Was sie nebenbei noch lernte und verinnerlichte: Wenn das Halfter am Kopf befestigt ist und man sie führt, landet sie an einem unheimlichen, furchterregenden Ort, wird eingesperrt und völlig alleingelassen. Das Absetzen eines Fohlens sollte schonend und Schritt für Schritt erfolgen – auf gar keinen Fall abrupt und mit dem Wechsel in eine völlig fremde Umgebung. So ist ein Trauma vorprogrammiert!

Ich habe das große Glück, in Namibia mit Wildpferden zu arbeiten, und kenne die ca. 40 Pferde, die sich hier auf 50 km^2 frei bewegen können, nun schon vier Jahre lang. Die Pferde ziehen in mehreren Herden durch den Busch. Es gibt Junggesellengruppen, Familienverbände und einige Einzelgänger. Hier ist es oft so, dass die Fohlen bis zu einem Alter von zwei – manchmal sogar drei Jahren – bei der Mutter bleiben, bevor sie sich einer anderen Herde anschließen. Dass wir unsere Fohlen schon mit 12 Monaten absetzen, ist gang und gäbe, aber sicher nicht natürlich.

„Sei allem Abschied voran, als wäre er hinter dir, wie der Winter,
der eben geht. Denn unter Wintern ist einer so endlos Winter,
dass, überwinternd, dein Herz überhaupt übersteht."
(Rainer Maria Rilke)

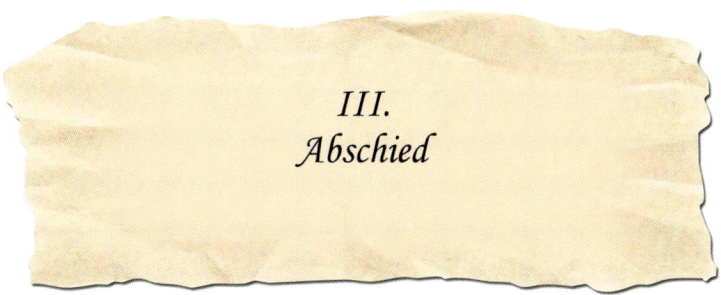

III.
Abschied

Ob es draußen hell oder dunkel war, konnte ich in meinem Gefängnis nicht sehen. Ich konnte mich kaum bewegen und die Wände um mich herum nahmen mir die Luft zum Atmen. Ich hatte Angst mich hinzulegen, weil ich nicht sicher war, ob ich wieder hoch kommen würde. Die meiste Zeit döste ich im Stehen vor mich hin; bis ich in der Nähe das Wiehern eines Artgenossen hörte und verzweifelt darauf antwortete. Es schienen noch andere hier eingesperrt zu sein, aber ich konnte sie nicht sehen. Irgendwann vernahm ich das näherkommende Geräusch von Hufen auf hartem Boden und ein mir unbekanntes anderes Pferd wurde an meiner Box vorbeigeführt. Ich rief und drückte mich an die Tür, aber der andere antwortete nicht und blieb auch nicht stehen. Irgendwann wurde quietschend die Tür aufgeschoben und Louise erschien in der Öffnung.

„Ach Kleine", seufzte sie. „Ich weiß, wie schwer es ist, aber wenn alles gut geht, darfst Du bei Deinen neuen Besitzern schon in ein paar Tagen wieder auf die Weide und bekommst neue Freunde." Ich schaute sie an. Sanft legte sie ihre Hand auf meine Stirn und streichelte mich zwischen den Augen, kratzte mich zwischen den Ohren, kam näher und kraulte mich an der Brust. Ich atmete tief aus und ein winziger Hauch von Geborgenheit machte sich in mir breit. Aber nur für einen Augenblick, denn dann erschien Marc hinter

Louise und ich wich zurück. Sofort spürte ich seine Aggressivität und den Zorn, der noch immer nicht erloschen war.

„Sieh zu, dass dieses Biest halfterführig wird, bis der Tierarzt morgen zur Ankaufsuntersuchung kommt", sagte er und ging weiter. Louise verdrehte die Augen und kam weiter in meine Box hinein, streichelte mich noch einen Augenblick, drehte sich dann wieder zum Ausgang und nahm von einer Schubkarre einen Arm voller getrocknetes Gras, das sie mir zu Füßen legte. Aus der Tasche zog sie noch einen Apfel und hielt ihn mir hin. Ich knabberte halbherzig daran herum, hatte aber keinen Appetit. Ich wollte im Kreise meiner Herde essen und nicht mutterseelenallein hier in diesem Verließ! Louise strich mir noch einmal über die Stirn und schob die Tür von außen hinter sich zu. Wieder war ich allein.

Lustlos zupfte ich an den Heuhalmen und langweilte mich. Nach kurzer Zeit wurde das Licht im Stall ausgeschaltet und es wurde stockdunkel. Ich vernahm in einiger Entfernung aus verschiedenen Richtungen die Geräusche anderer Pferde, die ihr Heu kauten, schnaubten, ruhig atmeten und keine Angst zu spüren schienen – ich war also nicht ganz alleine hier; jedoch durch diese Gitterstäbe von den anderen getrennt.

Die Nacht war furchtbar. Jedes unbekannte Geräusch ließ mich erstarren. Ich sehnte mich in die Sicherheit meiner Herde zurück. So allein fühlte ich mich völlig schutzlos und klein. Ich war gefangen in einem Albtraum.

Als am nächsten Morgen das Licht anging und Louise mir mein Heu brachte, lagen die schlimmsten Stunden meines jungen Lebens hinter mir. Gott sei Dank hatte ich keine Ahnung, was noch alles auf mich zukommen würde. Die unbeschwerten Tage meiner Kindheit waren unwiderruflich vorbei. Dabei hatte ich gedacht, das Leben würde immer so weitergehen. Leider kam es anders.

Als ich mein Heu aufgegessen hatte, kam Louise in mein Gefängnis und legte mir wieder das Halfter um den Kopf, an dem das Seil befestigt war. Ich nahm den Kopf so hoch wie möglich und Louise musste sich strecken, um das Halfter schließen zu können. Ich war misstrauisch. Sie führte mich aus der Box heraus auf die Stallgasse. Zu beiden Seiten waren hochvergitterte Gefängnisboxen, die meisten von ihnen leer. Nur vereinzelt blickten mich traurige Augen an, als wir vorübergingen. Ich blieb an Louises Seite; war sie doch der einzige Begriff von Sicherheit, der mir noch geblieben war. Sie führte mich in eine große Halle und ich wollte sofort losrennen, doch Louise hielt mich fest und redete beruhigend auf mich ein. Sie streichelte mich und drehte sich dann im Gehen mit der Schulter zu mir, um mir zu sagen, dass ich ihr folgen solle. Das tat ich und so erkundeten wir gemeinsam die große Halle. Alles war spannend: der sandige Boden, die hölzernen Wände, der Geruch von vielen anderen Pferden, die hier schon gewesen waren, die Lichtflecken auf dem Boden. Ich orientierte mich an Louise, die ganz sanft ohne Rucken und Ziehen mit dem Seil hantierte und lief mit ihr durch die Halle. Manchmal blieben wir stehen und sie streichelte mich. Wenn ich ein beängstigendes Geräusch hörte, lief ich manchmal ein paar Schritte davon und zog sie mit mir, aber sie hielt das Seil fest und holte mich wieder an ihre Seite.

„Braves Mädchen, das machst Du großartig", sagte sie lächelnd und streichelte meinen Hals. Langsam gewöhnte ich mich an die fremde Umgebung und verlor meine Scheu ein wenig. Aber nur so lange, bis nach einiger Zeit Marc mit zwei weiteren Menschen die Halle betrat. Einer der beiden Neuen war kein Fremder für mich. Er war damals mit auf der Weide gewesen, als man meinen beiden kleinen Freunden und mir die Seile um den Kopf geschlungen und uns festgehalten hatte. Ich richtete mich auf und prustete angespannt die Luft aus meiner Nase. Die Bilder von damals tauchten in meinem

Kopf auf und ich versuchte, mich loszureißen. Louise hielt mich fest und ging mit mir von den anderen Menschen weg, streichelte mich am Hals und versuchte, mich zu beruhigen.

„Vielleicht sollten wir zur Untersuchung auf die Stallgasse gehen", meinte Marc. „Gib sie mir mal, bevor sie sich wieder vom Acker macht." Er kam auf uns zu und Louise übergab ihm das Seil. Schon wieder war ich diesem schrecklichen Menschen ausgeliefert! Louise ging vor und wir folgten ihr. Ich war angespannt und hielt so viel Abstand von Marc wie möglich. Zurück in der Stallgasse machte der eine Mensch, den ich kannte, eine kleine Kiste auf, die er mitgebracht hatte und holte einige Instrumente heraus. Er kam auf mich zu und wollte mich anfassen. Ich wich sofort zurück und zog Marc mit mir, der wie ein Irrer begann, an dem Seil zu rupfen, das an meinem Halfter befestigt war. Ich stieg und drehte mich dabei zur Seite, doch Marc hielt das Seil fest, zog mich nach unten und warf mich dabei fast um.

„So geht das nicht", sagte der andere Mensch kopfschüttelnd. „Lasst uns die junge Dame mal von beiden Seiten anbinden." Louise kam mit einem zweiten Seil, befestigte es seitlich an meinem Halfter und die beiden Seilenden wurden links und rechts an den Gitterstäben der Boxengefängnisse festgeknotet. Die Seile waren so kurz, dass ich den Kopf gar nicht mehr drehen konnte. Ich verspannte mich am ganzen Körper und schnaubte aufgeregt. Der Mensch mit der Kiste kam wieder auf mich zu, fasste mich am Hals an und strich über meinen Körper.

„Alles gut, Mädchen. Das kriegen wir schon hin." All meine Muskeln waren angespannt und ich war hart wie ein Brett. Der Mann tastete mich überall ab, machte mein Maul auf, um meine Zähne anzuschauen, drückte auf meinem Rücken herum und hielt ein kaltes, metallisches Gerät an meinen Bauch. Wie erstarrt ließ ich alles über mich ergehen.

„Gut, dann gehen wir zur Beugeprobe bitte nach draußen", sagte der Mensch und nahm das metallische Gestell aus den Ohren. Ich wurde losgebunden und von Marc nach draußen geführt. Endlich wieder frische Luft! Vielleicht durfte ich zurück zu meiner Herde? Ich wieherte aufgeregt, was wieder ein schmerzhaftes Rucken am Halfter zur Folge hatte. Unwillig schlug ich mit dem Kopf. Ich wollte diesen Druck endlich loswerden! Der dritte Mensch blickte auf meine Hufe.

„Da müsste auch mal dringend ein Schmied ran", meinte er.

„Ja, ich weiß", entgegnete Marc. „Wir haben sie gestern erst abgesetzt und von der Herde weggeholt. Wir haben hier so viel zu tun und haben es noch nicht geschafft." Der dritte Mann nickte und machte sich Notizen auf einem Block.

„So, dann trab sie bitte mal vor." Marc führte mich über den Hof, drehte mich dann um und lief los. Ich blieb vor lauter Schreck wie angewurzelt stehen und prustete.

„Louise, hilf mir mal!", rief er, woraufhin Louise angelaufen kam und hinter mir herumwedelte, während Marc vorne lief. Ich trabte los – mit hochgerissenem Kopf und wehendem Schweif.
„Danke, das reicht", sagte der Mann mit dem Notizblock und kritzelte etwas auf sein Papier. Dann kam er zu uns herüber, strich mir über den Rücken und berührte mein linkes Hinterbein.

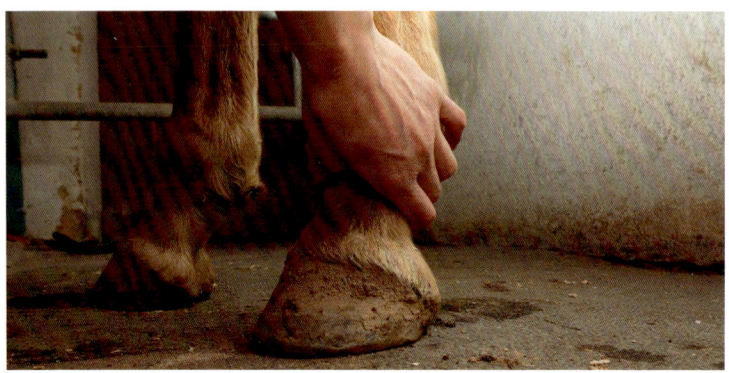

Er zog an der Fessel und ich verlagerte mein ganzes Gewicht darauf. Er blieb hartnäckig und zog weiter an meinem Bein. Was wollte er? Mich umwerfen?
„Na komm schon! Stell Dich nicht so an!", sagte er nach unten gebückt und ruckte an meinem Hinterbein. Ich hatte Angst, das Gleichgewicht zu verlieren. Jetzt umzufallen, würde gewiss meinen sicheren Tod bedeuten. Er zog an meinen Fesselhaaren und zog mit ganzer Kraft an dem Bein. Das war zu viel! Ich trat mit voller Kraft mit dem Bein nach ihm aus, traf ihn am Oberschenkel und er ließ schreiend von mir ab. Gut, das hatte funktioniert! Prima! Der Mann hielt sich den Oberschenkel und stand zusammengekrümmt in einiger Entfernung auf dem Hof, Louise beugte sich über ihn.
„Wie soll ich das Pferd untersuchen, wenn es so schlecht vorbereitet ist? Könnt Ihr mir das sagen?!", fluchte er.

„Setz Dich erstmal. Soll ich Dir ein Glas Wasser holen?", fragte Louise.
„Nein, ist schon gut", antwortete der Mann. „Wir sind durch! Allerdings werde ich ins Protokoll schreiben, dass die Beugeprobe nicht möglich war."
Später, als ich wieder in meinem Gefängnis stand, kam Louise, um mir Heu zu bringen und mich zu streicheln.
„So, meine Kleine, morgen ist es soweit: Du ziehst in Dein neues Zuhause." Ich sah sie an und sie strich mir sanft über die Stirn, kraulte mich zwischen den Ohren. Die Menschen waren so unterschiedlich. Ich konnte sie nicht zuordnen. Waren Langfellmenschen besser als Kurzfellmenschen? Ich wusste es nicht. Louise hatte mir noch nie Schmerzen zugefügt – darum vertraute ich ihr. Wen hatte ich auch sonst noch außer ihr?

Nachdem ich am nächsten Tag mein Frühstücksheu gefressen hatte, kam Louise mit Halfter und Seil in meine Gefängnisbox. Ich spürte schon wieder diese beunruhigende Anspannung bei ihr, als sie mich nach draußen durch die Stallgasse auf den Hof führte. Die Sonne schien und die Luft roch nach Frühling. Ein schöner Tag, um mit seinen Freunden auf der Weide zu sein. Vielleicht brachte Louise mich ja nun zurück? Ich wieherte rufend nach den anderen – konnten sie mich hören? Leider führte Louise mich nicht auf die Weide, sondern auf einen seltsamen, großen Kasten zu, bei dem Marc auf uns wartete. Von dem offenen Kasten aus führte über die ganze Breite ein Brett zur Erde. Nachdem Marc mein Führseil übernommen hatte, gingen wir auf dieses Brett zu. Marc betrat das Brett und versuchte, mich hinter sich herzuziehen. Moment … er glaubte doch nicht wirklich, dass ich ihm in diesen dunklen Kasten folgen würde? Einen Kasten, aus dem es keinen Ausweg gab? In dem es dunkel war? Im Leben nicht! Ich stemmte alle vier Füße in

den Boden und bewegte mich keinen Schritt mehr. Marc zog, ruckte am Seil, fluchte, schrie, zog wieder, führte mich ein paarmal im Kreis, ging wieder auf den Kasten zu und so weiter. Meine Bereitschaft, in das Ding einzusteigen, wurde dadurch nicht größer.
„Louise, hol bitte mal eine Gerte, ja?", rief er atemlos nach einer ganzen Weile.

Mein Genick schmerzte von dem ständigen Druck und mein ganzer Hals tat weh vom Gegenhalten. Marc stützte die Hände auf die Knie und atmete tief aus. Er schwitzte. Ich bekam eine kleine Pause. Alsbald tauchte Louise mit der Gerte auf und touchierte meinen Hintern, während mich Marc vorne in Richtung Kiste zog.
„Fester, Louise! Das Biest rührt sich keinen Zentimeter!", rief Marc vorne und riss am Seil. Ich stieg und schlug mit den Vorderbeinen aus.

„Nein, Marc! Sorry, ich kann das nicht. Ich werde sie nicht verprügeln! Da musst Du Dir etwas anderes einfallen lassen", sagte Louise bestimmt und warf die Gerte hinter sich.

„Fällt Dir was Besseres ein?", fuhr Marc sie an. „Wir müssen sie irgendwie auf diesen Hänger kriegen! Dieses Mistvieh! Ich bin froh, wenn sie vom Hof ist!" Louise sah auf den Boden.

„Lass es uns doch mal mit Longen versuchen. Ich hole Patrick und zwei Longen und dann wird es bestimmt klappen, okay?" Mit diesen Worten lief sie über den Hof auf das Stallgebäude zu und ließ mich mit Marc allein. Als sie zurückkam, hatte sie einen weiteren Kurzfellmenschen dabei. Die zwei befestigten links und rechts außen an dem Kasten zwei lange Seile und stellten sich dann wie Wachtposten an jeder Seite auf – mit den aufgewickelten Seilenden in den Händen. Marc führte mich wieder auf das Brett zu und ich rammte die Beine in den Boden. Langsam gingen Louise und der andere Mensch hinter meinem Rücken aufeinander zu und kreuzten sich und die Seile. Ich spürte einen Druck an meiner Hinterhand, der stärker wurde, je weiter die beiden in die entgegengesetzten Richtungen gingen. Ich ging gegen den Druck an und setzte mich auf die Leinen. Als Marc vorne weiter zog, blieb mir wieder nur ein Weg: nach oben! Ich stieg; Marc zog; ich stieg wieder; höher; Marc zog fester; ich stieg wieder; höher … kippte dann nach hinten um und schlug hart mit Rücken und Hinterkopf auf den Boden.

Louise schrie und ließ ihr Seil los. Ich rappelte mich wieder auf. Da Marc meinen Führstrick losgelassen hatte, sah ich meine Chance und floh – verfolgt von den drei Menschen. Am Hoftor hatte meine Flucht ein jähes Ende: es war geschlossen. Louise sammelte mich wieder ein. Tränen liefen über ihr Gesicht und sie redete beruhigend auf mich ein und streichelte mich.

„Jaja, jetzt tröste sie auch noch!", rief Marc. „Hey, warum heißt dieses Vieh eigentlich *Honey*? *Hexe* wäre tausendmal besser gewesen. Wenn's nach mir ginge, käme sie in die Wurst, und zwar gleich!"

Wortlos ging Louise mit mir an ihm vorbei über den Hof – zum Stall – und stellte mich wieder in meine Gefängnisbox. Ich war noch immer geschockt von meinem Sturz und hatte ein paar Schürfwunden erlitten.

„Ich geh' eben telefonieren", sagte Louise zu Marc. Er sah sie fragend an. „Ich ruf den Tierarzt an! Er soll kommen und sie sedieren. Was anderes fällt mir jetzt auch nicht mehr ein."

Wenig später kam wieder der Mensch von gestern mit seiner Kiste, öffnete sie und Louise und er kamen in meine Box. Louise hielt mich am Halfter, während er meinen Hals immer an der gleichen Stelle massierte und mich schließlich mit einer Nadel an genau dieser Stelle stach.

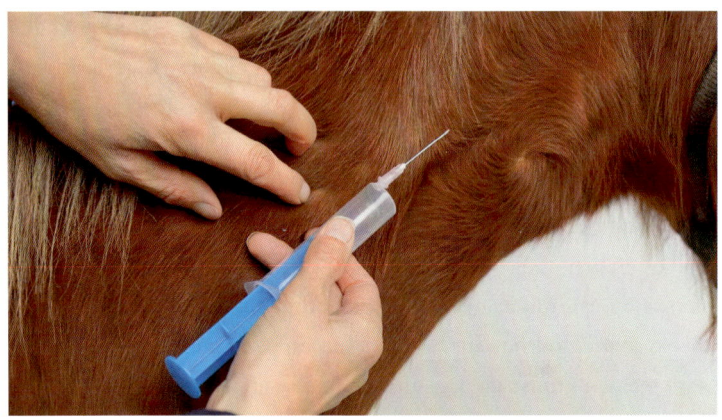

Ich zuckte, doch es tat nur für einen Moment weh, dann war es vorbei. Fast augenblicklich merkte ich, wie ich furchtbar müde wurde. Mein Kopf sank nach unten und ich konnte kaum noch die Augen aufhalten. Was geschah mit mir? Ich vernahm die Geräusche um mich herum wie durch dicke Watte. Alles verschwamm und meine Knie wurden weich. Louise führte mich aus der Box und ich folgte ihr wie ein Roboter. Sie ging ganz dicht bei mir und ich lehnte mich ein wenig an sie, um nicht umzufallen. Ich nahm kaum wahr, wohin wir gingen. Folgte nur ihrem Geruch, ihrer Silhouette und dem Seil, das sie in der Hand trug. Sehr langsam bewegten wir uns über den Hof, wo es heller war als im Stall, auf das Brett und den Kasten zu – doch das nahm ich kaum wahr. Ich war zu sehr damit beschäftigt, mich auf den Beinen zu halten. Langsam, sehr langsam liefen wir über das Brett in den Kasten hinein. Irgendwie nahm ich wahr, dass sich hinter mir eine Klappe schloss und es noch dunkler wurde; dass Louise mich anband und mich umarmte und streichelte. Dann war sie fort. Und um mich herum bewegte es sich plötzlich. Der Boden bewegte sich unter meinen Füßen. Ich schwankte und lehnte mich an die Wand. Dann schwankte ich in die andere Richtung. Dann hielten wir an. Dann bewegte es sich wieder. Ich schwankte. Benommen wie ich war, versuchte ich mich auszubalancieren. Diffuse Angst, umzufallen regte sich in mir. Aber nur zögerlich, wie durch Nebel hindurch. Meine Sinne waren betäubt. Ich fühlte mich völlig hilflos und ausgeliefert. Wurde hin- und her bewegt; lehnte mich gegen die Wand; mal links; mal rechts; mal gegen die Stange vor meiner Brust.

Irgendwann nach unendlich langer Zeit hörte die Bewegung auf. Im Halbschlaf nahm ich wahr, dass die Klappe hinter mir wieder geöffnet wurde. Irgendjemand band mich los, stupste mich gegen die Brust und ich ging wie in Trance langsam rückwärts. Bergab. Dann wurde ich gedreht und vorwärts geführt. Von wem, wusste ich nicht. Wohin, genauso wenig. Ich wollte einfach schlafen.

✮✮✮✮✮✮✮✮✮✮✮✮✮✮

Für uns Menschen ist es völlig natürlich, ein Pferd in eine Box einzusperren. Für ein Pferd ist es das ganz und gar nicht. Die Boxenhaltung ist eine Erfindung des Menschen, um sich das Leben leichter zu machen und Pferde immer schnell verfügbar zu haben. Wenn ich etwas zu sagen hätte, würde Boxenhaltung komplett verboten! Sie widerspricht dem natürlichen Drang des Tieres, sich zu bewegen und mit anderen Pferden in Kontakt zu treten. Reine Boxenhaltung ist völlig gegen die Natur des Pferdes. Besonders übel ist es natürlich für ein Pferd, das in Freiheit aufgewachsen ist – wie Honey – und dann plötzlich in eine Box gesperrt wird. Dieser Umstand gepaart mit dem Absetzen von der Mutter ist für das junge Tier eine absolute Katastrophe und sollte vermieden werden.

Genauso wenig Sinn macht es natürlich, ein noch nicht halterführiges Pferd dem Tierarzt oder Hufschmied vorzuführen. Weder Schmied noch Tierarzt sind für die Erziehung des Pferdes verantwortlich! Das muss schon der Besitzer vorher leisten. Es ist einem Tierarzt nicht zuzumuten, ein halbwildes Pferd zu untersuchen. Genauso, wie man zuerst mit dem Pferd üben sollte, die Hufe zu geben (und oben zu halten), bevor das erste Mal der Schmied kommt. Sinnvoll ist es, schon im Fohlenalter damit zu beginnen und bereits sanft die Hufe des Pferdes nacheinander kurzzeitig und nicht zu hoch (!) anzuheben. Zu bedenken ist, dass das junge Pferd sich noch nicht auf drei Beinen ausbalancieren kann – also Geduld!

Eine weitere Aktion, die wir von unseren Pferden fordern, ist das Einsteigen in einen Pferdehänger. Auch dies ist für das Pferd absolut unnatürlich: Das Auge des Pferdes braucht länger als unseres, um sich von „hell" auf „dunkel" einzustellen. Dementsprechend sieht es den Hänger als finstere Höhle, die auch noch eine Sackgasse ist. Freiwillig würde das Pferd dort niemals hineingehen – sein Verstand würde es ihm verbieten. In Höhlen wohnen meistens Raubtiere. Außerdem ist um den Hänger herum ja jede Menge Platz! Warum also hineingehen, wenn man genauso gut außen daran vorbeigehen kann? Nein, es gibt nur einen einzigen Grund für das Pferd, in eine solche Kiste einzusteigen: das Vertrauen zum Menschen. Ist das nicht gegeben, wird man ein Pferd nur mit Gewalt hinein buxieren können – und das sollte auf jeden Fall vermieden werden!

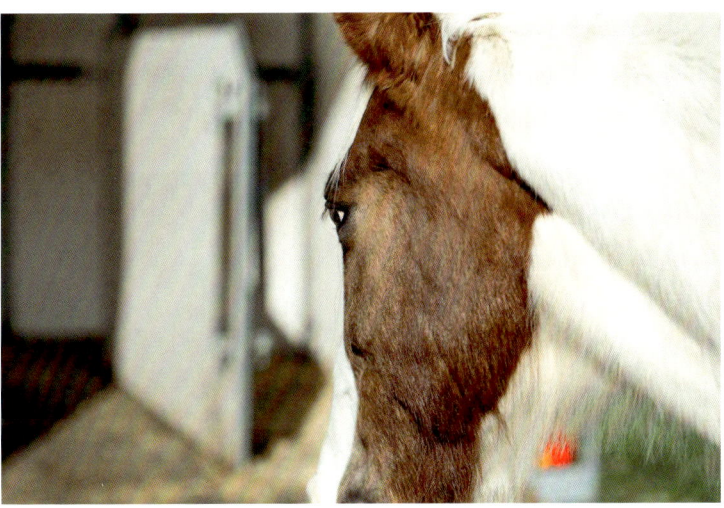

Pferde sehen ihre Umwelt anders als Menschen. Dunkle, uneinsichtige Orte meiden sie, um sich vor möglichen Gefahren zu schützen. Dieses Verhalten ist Instinktprogramm und darf unter keinen Umständen bestraft werden.

Pferde denken in Bildern. Viele von den Bildern, die das Pferd im Kopf hat, wenn es den Anhänger sieht, sind gar nicht schön. Das Pferd wird auf den Hänger zugeführt und schon läuft ein Kopfkino ab. Davon, wie es das letzte Mal verladen wurde und vorne jemand zog, während hinten jemand mit dem Besen zuschlug. Davon, wie es in die Tierklinik gefahren wurde und dort Schmerzen erlitt. Davon, wie es auf dem Turnier unter dem Stress und Leistungsdruck seines Reiters litt, wie es bei zu schneller Fahrt in der Kurve oder bei einem abrupten Bremsmanöver durch die Gegend geschleudert wurde. Diese Liste lässt sich endlos fortsetzen. All diese Bilder können im Kopf des Pferdes wach werden, wenn es den Hänger sieht.

Wenn mein Pferd Pepper einen offenen Hänger sieht, habe ich große Mühe, ihn davon zurückzuhalten, nicht hineinzurennen; und ich kenne genau die Bilder, die sich in seinem Kopf abspielen: Mit seinem besten Kumpel Leon zum Ausreiten fahren; in einem benachbarten Stall als Hauptakteure beim Horsemanshipkurs mitmachen oder zum Urlaub in den Westerwald gebracht werden. All das scheint ihm zu gefallen – denn Pferde lügen nicht.

Der Anhänger ist für Pepper ganz eindeutig positiv besetzt. Und das kann man mit jedem Pferd schaffen! Man muss es nur in Ruhe und mit Verstand üben – und sich nicht von den vielen Besserwissern am Stall verrückt machen lassen.

Gehen Sie einfach genauso wie bei unserer Wasserpfützenübung vor. Wichtig ist, dass Sie ruhig bleiben. Das Pferd spürt durch Schalldruckwellen vor unserem Brustkorb unseren Herzschlag. Es spürt, wenn wir schneller atmen und unser Adrenalinspiegel steigt. Stimmungsübertragung ist beim Verladen ganz wichtig. Strahlen Sie aus, dass es Ihnen um *rein gar nichts* geht. Seien Sie völlig emotionslos (außer beim Loben natürlich!) und haben Sie Geduld. Gepaart mit der richtigen Körperhaltung und einem guten Timing steht dem Verladeerfolg dann nichts mehr im Wege.

Dass Pferde beim Verladetraining steigen, ist manchmal nicht zu vermeiden: Vorwärts wollen sie nicht und rückwärts und seitwärts dürfen sie nicht – also bleibt nur der Weg nach oben. Ihre Reaktion darauf: *gar keine!* Tun Sie so, als wäre nichts gewesen, und machen Sie einfach nach Plan weiter. Pferde steigen in die Luft, um zu beeindrucken. Lassen Sie sich in diesem Fall bitte nicht beeindrucken, regen Sie sich nicht auf und alles wird gut.

Ich bin völlig dagegen, Pferde zum Verladen zu sedieren. Ich bin noch nie im Leben in die Verlegenheit gekommen, zu dieser Alternative zu greifen. Sedierte Pferde können sich während der Fahrt nicht richtig ausbalancieren. Leider habe ich es schon einmal erlebt, dass ein Pferd im sedierten Zustand im Hänger umgefallen ist und nicht mehr hochkam. Die Gefahr ist einfach zu groß. Ich kann nur immer wieder sagen: Dass ein Pferd problemlos in einen Hänger steigt, ist kein „Nice to have", sondern etwas, was das Pferd unbedingt lernen muss. Im Zweifel kann es irgendwann einmal über Leben oder Tod entscheiden, wenn das Pferd beispielsweise dringend wegen einer Kolik in die Klinik muss. Trainieren Sie also mit Ihrem Pferd, *bevor* es ernst wird. Trainieren Sie, ohne wirklich wegfahren zu wollen. Trainieren Sie ohne Stress und Hektik – das Pferd wird es Ihnen danken.

„Jeder Zwang ist Gift für die Seele."
(Carl Ludwig Börne)

IV.
Ein neues Zuhause

Als ich irgendwann wieder Herr meiner Sinne war, fand ich mich in einem weiteren Boxengefängnis wieder. Dieses hatte allerdings nicht überall Gitterstäbe, sondern drei feste Wände und ein Loch, aus dem ich nach draußen schauen konnte – das ‚wirkliche' Draußen und keine Stallgasse. Ich konnte den Himmel, den grauen Boden und eine grasbringende Monstermaschine sehen. Auch zwitschernde Vögel waren da und – in einiger Entfernung – andere Pferde in ähnlichen Behausungen, die ebenfalls mit ihren Köpfen zum Fenster herausschauten. Die Luft roch anders als zu Hause, aber auch nach ‚Draußen' und ich sog sie ein – so tief ich konnte.
Auch hier gab es jemanden, der mir getrocknetes Gras durch meine Türe schob: wortlos und hastig. Schnell schloss die Türe sich wieder hinter dem Menschen. Außerdem bekam ich Körner zu fressen. Sie rochen etwas fremd, schmeckten aber passabel. Während ich mein Gras verzehrte, schaute ich immer wieder nach draußen durch mein Fenster und sah häufig Pferde vorbeigehen, die von Menschen geführt wurden; manchmal führte ein Mensch sogar mehrere Pferde gleichzeitig.

Die Sonne stand schon hoch am Himmel, als meine Tür geöffnet wurde und ein langfelliger Mensch mit einem Halfter erschien. „Aha, Du bist also unser Neuzugang", sagte dieser Mensch. Das lange Fell war anders als bei Louise. Es war hinten zusammengebunden und dieser Mensch war sehr viel massiger als sie. Nachdem Halfter und Strick an meinem Kopf befestigt waren, führte der Mensch mich nach draußen – in die gleiche Richtung, wohin auch die anderen Pferde verschwunden waren. Wir gingen über den Hof, durch ein Tor hinaus. Ich sah Wiesen! Voller Vorfreude wieherte ich und ging schneller.

„Langsam, langsam, Mädchen", sagte der Mensch am Strick und hielt mich zurück. Ich war so aufgeregt und konnte kaum abwarten, bis sie eines der Weidetore öffnete und ich hindurchrasen wollte. „Naaa! So geht das nicht!", brüllte der Mensch, zog mich am Strick herum und löste dann das Seil vom Halfter. Ich flog herum und rannte auf die anderen Pferde zu, die sich schon auf der Weide befanden. Es waren drei; ich kannte keines von ihnen. Ein bisschen hatte ich gehofft, meine Freunde hier wieder zu finden.

Als ich angelaufen kam und aus voller Brust wieherte, kam sofort eine große dunkelbraune Stute auf mich zu und blockierte den Weg zu den anderen mit ihrem Körper. Wir standen uns ganz dicht gegenüber, tauschten unseren Atem aus und nahmen so den Geruch des anderen wahr. Plötzlich quietschte die Stute, drehte sich um und pfefferte mit den Hinterläufen in meine Richtung. Gott sei Dank konnte ich schnell genug ausweichen. Mit zurückgelegten Ohren und tiefem Hals kam sie auf mich zu und vertrieb mich. Ich kaute beschwichtigend und sagte ihr damit, dass ich ja noch klein sei und alles tun würde, was sie für richtig hielt. Irgendwann ließ sie dann von mir ab und ging zu den anderen.

Es dauerte einige Tage, bis ich von der kleinen Herde akzeptiert wurde. Bella, die Herdenchefin, war sehr dominant und führte ein strenges Regiment. Das war in Ordnung, denn sie wusste, wo es langging und wir fühlten uns alle bei ihr in Sicherheit. Fehlverhalten wurde sofort konsequent von ihr unterbunden und bald schon hatte ich meinen festen Platz in der Rangordnung: ganz hinten, Nummer vier von vier. Aber das war okay! Alle anderen passten auf mich auf und ich brauchte mich nur um mich selbst zu kümmern. Aaron und Sky waren die beiden Männer in der Herde. Beide schon erwachsen und lebenserfahren, sanftmütig und völlig unter Bellas Fuchtel.

Unser Tagesablauf hier war anders als zu Hause: Wir durften immer nur ein paar Stunden auf die Wiese, den Rest unseres Lebens verbrachten wir in den Gefängnisboxen. Ich gewöhnte mich daran. Wir gehören zu einer Spezies, die sich an Veränderungen anpassen und neue Tagesrituale entwickeln kann. Und bald schon war es für mich normal, den halben Tag auf neun Quadratmetern vor mich hinzudösen. Die Fütterungszeiten waren natürlich immer mein Tageshighlight – allerdings nicht zu toppen davon, wenn ich auf die Wiese geführt wurde.

Eines schönen Tages lernte ich den Hufschmied kennen. Er kam mit seinem großen Kasten vor mein Fenster gefahren und ich konnte beobachten, wie er draußen mit allen möglichen Pferden hantierte und ihre Hufe bearbeitete. Irgendwann war ich an der Reihe. Man führte mich hinaus und band mich an einem Ring in der Wand an, wo zuvor schon die anderen Pferde gestanden hatten. Ich schaute den Schmied misstrauisch an. Er roch nach Schweiß und vielen Pferden. Im Moment spürte ich noch nichts Bedrohliches an ihm.

„Na, was bist Du denn für ein hübsches Ding?", begrüßte er mich mit rauer Stimme und schlug mir kräftig auf den Hals. Ich erschreckte mich zu Tode, machte einen Riesensatz zur Seite, wurde von dem Strick festgehalten, geriet in Panik und zog! Es schmerzte im Nacken; ich stieg so weit es ging nach oben (weit ging es nicht, denn der eiserne Ring in der Wand hielt mich ja fest); zog nach hinten; schüttelte den Kopf; riss noch einmal kräftig und überschlug mich fast nach hinten, als der Karabinerhaken an meinem Halfter nachgab und in zig Teile zerflog. Prustend und in höchster

Aufrichtung trabte ich über den Hof – verfolgt von den Blicken des Schmiedes.

„Alle Achtung", sagte er zu einem zweiten Menschen, der eilig herbeigelaufen kam. Dieser trug hohe schwarze Stiefel und hatte ein Pferd bei sich, das etwas auf dem Rücken trug und ein enges Ledergeschirr um den Kopf hatte. „Die Kleine hat ja mal ein mächtiges Gangwerk! Schauen Sie sich mal an, wie die über die Erde schwebt!" Der gestiefelte Mann drückte dem Schmied die Zügel seines Pferdes in die Hand und griff nach einem Seil, das vor einer der Boxen am Halter hing. Er kam auf mich zugestapft und wollte mit einer hastigen Bewegung nach meinem Halfter greifen.

Auf gar keinen Fall! Ich lief weiter und ließ ihn stehen. Leider war das Hoftor geschlossen und ich konnte nicht zur Weide, darum drehte ich auf dem Hof meine Kreise. Bald schon kamen noch zwei weitere (langfellige) Menschen angelaufen und versuchten, mich einzufangen. Ich fühlte mich von ihnen nur noch mehr angetrieben

und rannte schneller. Irgendwann wurde es dem Schmied zu dumm. „Nehmen Sie mal bitte Ihr Pferd wieder und lassen Sie mich versuchen. Hört mal alle auf da", rief er über den Hof und wedelte mit der Hand.
Mit hängenden Schultern blieben die beiden Langfellmenschen stehen, der Gestiefelte stemmte die Hände in die Seiten und übergab dem Schmied zähneknirschend das Seil. Der kam nun – ein fröhliches Lied auf den Lippen – auf Schulterhöhe seitlich auf mich zu, streckte seinen Arm nach mir aus, kam langsam näher und blieb immer halb eingedreht. Eine Armlänge entfernt blieb er stehen, blickte zu Boden und wartete. Ich war unschlüssig, bewegte meinen Kopf mal auf ihn zu, mal von ihm weg, prustete, stampfte mit dem Huf auf und drehte mich schließlich zu ihm hin. Er überwand die Entfernung zwischen uns, berührte mich sanft am Hals und streichelte mich.
„Tut mir leid, Mausezahn", sagte er. „Das war wohl eben ein bisschen heftig. Kann ja kein Mensch ahnen, dass Du eine so zarte Elfe bist. Ich weiß jetzt Bescheid, okay?" Er befestigte den Strick an meinem Halfter und schlackste mit mir zurück zum Anbindeplatz. „So, Mädels", sagte er an die Langfellmenschen gewandt. „Eine von Euch hält diese junge Dame jetzt bitte mal fest, während ich die Hufe bearbeite. Anbinden müsst Ihr mit der erst noch üben!"

Langsam und mit stoischer Ruhe kümmerte der Schmied sich um meine Hufe. Er nahm sie immer nur ein kleines Stück vom Boden auf, hielt sie fest, wenn ich zappelte, und ließ sie los, wenn ich stillhielt. Das Prinzip hatte ich schnell begriffen und vertraute ihm meine Beine an. Als er fertig war, griff er in die Tasche und förderte einen Apfel zutage, den er mir hinhielt. Ich biss hinein und er hielt den Rest in seiner Hand, während er mich mit der anderen hinter den Ohren kratzte.

„Gut gemacht, Mausezahn", sagte er und gab mir den Rest des Apfels. Der gestiefelte Mensch tauchte wieder auf – diesmal ohne Pferd – und stellte sich neben uns.
„War das die letzte?", fragte er den Schmied.
„Yepp, alle fertig. Die Kleine hier gefällt mir echt gut – ist die neu?"
„Mhmm, seit ein paar Tagen hier. Hat einen super Stammbaum und laut Züchter recht viel Potenzial. Bin gespannt, wie sie sich in der Ausbildung macht! Aber sie ist ja erst etwas über ein Jahr alt und hat noch Zeit." Die beiden tauschten ein paar Geldscheine untereinander und ich wurde mit Bella und den Jungs auf die Weide geführt.
Mein neues Leben ging nach diesem Rhythmus weiter: morgens Heu und Körner, mittags auf die Weide, nachmittags wieder in den Stall, Körner und Heu. Ab und zu ein Besuch vom Schmied.

Als der Winter kam, durften wir leider nicht mehr auf die Weide, sondern nur noch für ein, zwei Stunden am Tag auf einen graslosen Auslauf. Das war sehr langweilig und wir stritten uns öfter als im Sommer. Auch, weil es nichts zu essen dort gab und der Platz einfach nicht ausreichte, um sich frei zu bewegen. Bella kommandierte uns ständig von A nach B, sagte jedem, wann er wo stehen durfte und wann nicht, wann er saufen durfte und überhaupt. Es war nicht so richtig lustig. Aber immer noch tausendmal besser, als allein im Stall zu stehen.

Der nächste Frühling kam und ging. Der Sommer war lang und heiß und ging fast ohne Herbst in den Winter über. Irgendwann verschwand Aaron aus unserer Herde. Er kam morgens nicht aufs Paddock und tauchte nie wieder auf. Wir riefen nach ihm und lauschten auf Antwort, aber seine Anwesenheit war nirgends zu spüren. Das Leben ging weiter, auch ohne ihn; doch er hinterließ eine Lücke bei uns.

Der Schmied lehrte eines der jungen, langfelligen Menschenwesen, wie es mich an der Wand anbinden konnte, ohne, dass ich Angst bekam. Er zog das Seilende durch den Ring und band es nicht fest, sondern hielt es in der Hand. Zog ich, hielt er fest. Hörte ich auf, gab er nach. Langsam lernte ich so, dass es keinen Sinn hatte, am Strick zu ziehen, sondern vernünftiger war, nachzugeben. Irgendwann tolerierte ich es dann, am Ring angebunden zu stehen, obwohl es mir nicht behagte, mit dem Kopf vor einer Wand zu stehen. Ich konnte nur sehen, was hinter meinem Rücken geschah, wenn ich den Kopf komplett zur Seite wandte. Je nachdem, wie kurz ich angebunden war, klappte das aber nicht wirklich. Ich fühlte mich unwohl, wenn ich keinen Rundumblick hatte, und war immer etwas zappelig, wenn niemand in der Nähe war, dem ich vertraute. Und ich vertraute eigentlich niemandem – außer dem Schmied. Er war ruhig und strahlte immer eine Gelassenheit aus, die mich entspannte und mich ansteckte. Er schrie nie, schimpfte nie, blieb immer bei seinem stetigen Tempo und redete oft mit mir.

Der Mensch mit den schwarzen Stiefeln war mir suspekt: In seiner Gegenwart spürte ich stets einen gewissen Druck, eine Schwere, die von ihm ausging und mich auf Abstand hielt. Er wirkte immer angespannt und in Eile. Man konnte bei ihm gar nicht in die Tiefe vordringen, sondern blieb immer an der Oberfläche hängen. Ein harter Mensch, an dem ich nichts Weiches finden konnte. Er machte mir Angst.

Das besserte sich keineswegs, als er mich eines Tages unvermittelt aus meinem Stall zog, mich in der Gasse anband und anfing, mich mit Bürsten abzustriegeln.
Eigentlich genoss ich diese Art der Fellpflege; einer der langfelligen anderen Menschen hatte es schon einige Male mit mir gemacht und die Massage tat an den meisten Stellen wirklich gut. Doch bei dem Gestiefelten verspannte ich mich. Ich mochte nicht von ihm angefasst werden und erstarrte unter der Berührung. Mich ekelte regelrecht davor. Lieblos fuhr er mit den Bürsten kreuz und quer über meinen Körper, band mich dann los und führte mich nach draußen auf einen sandigen, eingezäunten Platz. Es war ein milder Wintertag, trocken und nicht zu windig. Auf dem Platz standen zwei der langfelligen Jungmenschen, die mich öfters auf die Weide und aufs Paddock führten und sahen dem gestiefelten Menschen zu, als er mich durch das Tor führte.
„Lydia, gib mir bitte mal die Longe. Die Peitsche leg' in der Platzmitte auf den Boden", sagte der Mensch an die beiden jüngeren gewandt. „Wir werden Honey heute anlongieren und ich zeige Euch jetzt, wie man das macht." Lydia brachte ihm eine lange Leine, die er statt des Stricks an meinem Halfter befestigte. Dann gingen wir beide zur Platzmitte und er hob die langstielige Peitsche auf, die auf dem Boden lag. Er ließ die Longe in seiner Hand etwas länger und trat hinter meine Schulter. Dann trieb er mich leicht mit der Peitsche

an, woraufhin ich einen Satz nach vorne machte und davon stob. Ich rannte geradeaus, bis die Longe sich spannte und der Gestiefelte kräftig daran zog, um mich nach links abbiegen zu lassen.

„Hoh, ruuuuuhig", sagte er, während ich um ihn herumrannte und er versuchte, mich zu lenken. Nach ein paar Runden im Galopp fiel ich in den Trab und zog meine Bahnen um ihn herum.

„Hooooooooh, langsam", kam es immer wieder von dem Menschen in der Mitte. Da ich keine Ahnung hatte, was man von mir wollte, rannte ich einfach weiter.

„So, Mädels, da das Pferd seine Bremse nicht findet, mache ich jetzt eine Art Notstopp mit ihr, damit das Gerenne aufhört. Geht mal besser hinter den Zaun." Die beiden kletterten durch den Zaun und der Gestiefelte ließ mich dann frontal auf den Zaun zulaufen, kam abrupt vor meine Schulter, zog an der Longe, sodass ich mit dem Kopf nach innen kam und frontal vor ihm stand. Rechts von mir war der Zaun und vor mir stand er. Also sprang ich nach links und machte einen Handwechsel, war direkt wieder im Galopp. Der

Gestiefelte stoppte mich noch ein paarmal auf die gleiche Weise und irgendwann rannte ich nicht mehr weiter, sondern blieb frontal vor ihm stehen, sah in an und fragte: Was soll ich jetzt tun?!

Er zog mich mit der langen Leine zu sich heran.
„Braaaaaav, Honey. Sehr gut." Er klopfte mir den Hals, ich verspannte mich wieder. „Habt Ihr gut zugeschaut, Ihr beide? Im Notfall kriegt Ihr ein Pferd so immer zum Stehen. Ab morgen dürft Ihr sie jeden zweiten Tag longieren, nach einer Woche bitte mit Ausbindern, bis dahin nur am Halfter. Jetzt könnt Ihr sie noch etwas trockenführen und reinbringen."
Lydia übernahm die Longe, tauschte sie wieder gegen den Strick und führte mich – gefolgt von ihrer Freundin – über den Platz.

Ich entspannte mich und schnaubte. Lydia war zwar unsicher und ich fühlte mich darum nicht recht wohl bei ihr, aber zumindest ging keine Gefahr von ihr aus. Sollte es allerdings brenzlig werden, würde ich selbst eine Entscheidung treffen müssen, was zu tun sei, denn dazu war sie meiner Meinung nach nicht fähig.

✩✩✩✩✩✩✩✩✩✩✩✩✩✩

Das Herdengefüge: für Pferde ein Raum, der ihnen Sicherheit und Schutz bietet. Auch wir Menschen bilden mit dem Pferd eine Herde, sobald wir es ans Seil nehmen und von seinen vierbeinigen Herdenmitgliedern trennen. Das Pferd begibt sich seiner Meinung nach dabei erst einmal in Lebensgefahr, denn es ist nur in der Herde überlebensfähig und wird sich nur sicher fühlen und uns folgen, wenn WIR ihm die notwendige Sicherheit auch vermitteln können. Ob wir es also wollen oder nicht, wir bilden mit dem Pferd eine Herde. Und in jeder Herde gibt es einen Chef. Das sollten WIR sein – nicht das Pferd. Herdenchef zu sein hat nichts mit Dominanzgetue zu tun, sondern bedeutet einfach, dass das Pferd sich uns vertrauensvoll anschließt und sich an unserem Verhalten orientiert, als wären wir ein Pferd. Das Pferd wird nur demjenigen wirklich ehrlich und aus tiefstem Herzen folgen, den es als ranghöher akzeptiert hat – dem es sich eben *anvertraut*. Das Führen soll das freiwillige (!) Folgen auslösen. Das kann man ganz leicht testen, indem man unterwegs das Führseil abmacht und schaut, ob das Pferd noch immer folgt oder nur durch die „Zwangsmaßnahme Seil" an unserer Seite bleibt.

Wenn ich mit einem Pferd unterwegs bin, möchte ich nicht, dass das Pferd dem Zug des Seils folgt, sondern meiner Körpersprache; quasi so, als wäre gar kein Seil zwischen uns. Nur dann sind wir wirklich gemeinsam unterwegs. Ob das Pferd mir wirklich vertraut, wird sich spätestens dann zeigen, wenn uns etwas Unheimliches oder Furchteinflößendes begegnet. Im Zweifel wird das Pferd selbst entscheiden, ob es flüchtet oder bleibt. Daher sollten wir alle Zweifel darüber ausräumen, ob wir ein verlässlicher, vertrauenswürdiger Herdenchef sind.

Dies erreichen wir durch Authentizität, durch faire, durchdachte Entscheidungen, eine ruhige, positive Ausstrahlung und liebevolle Zuwendung zum Pferd. Das sind die wichtigsten Instrumente. Erst dann kommen Trainingstechniken, wie die schon angesprochene, richtige Körpersprache zum Einsatz.

Eine innige Partnerschaft, die von Respekt und Achtung geprägt ist, entwickelt sich nicht über Nacht. Vielmehr bestimmen die Beweggründe und die Verhaltensweisen des Menschen darüber, ob das Pferd bereit ist zu vertrauen.

Sehr wichtig ist, dass wir dem Pferd ganz klare Verhaltensregeln geben und diese konsequent verfolgen, genau wie Herdenchefin Bella in unserem Fall. Völlig inakzeptabel ist es, wenn ich an manchen Tagen dem Pferd gewisse Dinge erlaube, an anderen sind diese dann aber verboten. Beispielsweise gestatte ich dem Pferd, sich an mir zu schubbern, wenn ich einen schmutzigen Pullover anhabe. Am nächsten Tag trage ich aber einen sauberen und will nicht, dass das Pferd seine Nase an mir abwischt und bestrafe das Tier dafür – das wird es nicht verstehen! Entweder ist Schubbern verboten oder erlaubt! Wenn das Pferd etwas manchmal darf und dasselbe plötzlich an anderen Tagen verboten ist, entsteht immer ein Vertrauensverlust, der schwer wieder zu kitten ist. Überlegen Sie sich also, was Ihr Pferd darf und was nicht und seien Sie konsequent! Immer! Mit einem solchen Verhalten kommt das Pferd wunderbar klar; Sie müssen sich dafür nur unmissverständlich ausdrücken und eine klare Linie fahren.

Pferde brauchen unmissverständliche und konsequente Regeln sowie eine deutliche Ansprache. Hält der Zweibeiner sich daran, dann orientieren sich auch sehr „fordernde" Exemplare – wie z. B. Hengste – am „Herdenchef Mensch".

Unser junges Pferd Honey hat sich in ihrer pferdischen Gemeinschaft schon zurechtgefunden. Bei den Menschen jedoch trifft sie auf verschiedenste Charaktere, aus denen sie nicht recht klug wird. Menschen sind so unterschiedlich und einfach nicht zu berechnen. Gut, dass es Menschen wie den Schmied in ihrem Leben gibt, der ihren Glauben an die Menschheit erhält.

In ihrer Grundausbildung lernt sie nun, angebunden stehenzubleiben, die Hufe zu geben, sich führen zu lassen und an der Longe zu laufen. Das Anlongieren sollte, wenn irgendwie möglich, in einem Roudpen erfolgen, denn den Pferden ist natürlich nicht klar, dass sie im Kreis laufen sollen – woher auch? Laufen im Kreis ist für Pferde genauso unnatürlich wie Leben in Boxen.

Das Laufen im Kreis muss erst langsam erlernt werden, denn dem natürlichen Verhalten des Pferdes entspricht es nicht. Mit der richtigen Körpersprache, korrektem Timing und viel Empathie lernen Pferde aber sehr schnell, dass ihnen nichts Schlimmes passiert.

In der freien Natur laufen Pferde, um Ziele zu erreichen. Niemals würde es ihnen in den Sinn kommen, freiwillig im Kreis zu laufen. Ein Roundpen oder Longierzirkel lässt erst einmal gar nichts anderes zu und sollte darum einem großen, rechteckigen Reitplatz vorgezogen werden. Das junge Pferd wird an der offenen Seite immer über die äußere Schulter wegbrechen – das liegt völlig in seiner Natur.

Wichtig ist nur, irgendwann vom Longierzirkel auf einen großen Reitplatz zu wechseln, da man sich sonst ein Pferd heranzieht, das immer nur an der Bande laufen will – wie ein Nichtschwimmer, der sich nicht traut, den sicheren Beckenrand zu verlassen.

Bei jungen Pferden sollte man schon frühzeitig Stimmbefehle etablieren, die man bei der Bodenarbeit, beim Führen und beim Longieren einsetzt und die immer das gleiche bedeuten. Hat das Pferd beim Führtraining z. B. schon gelernt, dass „Whoa" das Kommando zum Stehenbleiben ist, wird es ihm an der Longe leichter fallen zu verstehen, was der Mensch von ihm möchte. Und so ist es natürlich später auch unterm Sattel, wo wir die gleichen Stimmbefehle weiterverwenden. Das erleichtert dem Pferd und uns wiederum das Leben.

Hätte man bei Honey vor dem ersten Longieren schon Stimmbefehle zum „Langsamer werden" und „Anhalten" etabliert, hätte man nicht diesen Notstopp einsetzen müssen. Er ist sozusagen das letzte Mittel der Wahl, wenn ein Pferd wirklich beim Longieren gar nicht mehr stehenbleibt und uns in der Mitte absolut ignoriert. Nach Möglichkeit sollte das Pferd uns aber beachten und merken, wenn wir ihm ein körpersprachliches Signal zum „Herunterschalten" geben; d. h. wir nehmen die Spannung aus unserem Körper, strahlen weniger Energie aus, treten vor die Schulter des Pferdes und drehen uns leicht ein. Ein Pferd, das gelernt hat, unsere Körpersprache zu lesen, wird daraufhin langsamer werden, anhalten und sich zu uns drehen, um zu fragen, was es als nächstes tun soll.

„Das Innerste ist keine Festung, die man im Sturm oder mit Gewalt einnehmen kann, sondern ein Reich des Friedens, das nur durch Liebe gewonnen werden kann."
(Jeanne-Marie Guyon du Chesnoy)

V.
Ende der Kindertage

In den Tagen danach wurde ich abwechselnd von Lydia und ihrer Freundin Betty, den Auszubildenden des Gestiefelten, an der langen Leine im Kreis bewegt. Für mich war diese Bewegung völlig unsinnig, aber ich tat es dennoch. Ich lernte, dass ‚Hooooooh' bedeutete, dass ich stehenbleiben sollte, dass ich auf ‚Teeeeeeerab' schneller laufen sollte und mit ‚Scheeeeeeeeeritt' wieder langsamer werden durfte. Der Boden federte weich unter meinen Füßen und oft lief ich schneller als gewünscht, denn bisher hatte ich immer selbst entscheiden dürfen, wie schnell oder langsam ich wohin unterwegs war. Nun wurden die Geschwindigkeit und auch die Richtung durch jemand anderen bestimmt. Daran musste ich mich noch gewöhnen.

„Seid vorsichtig mit dem Longiergurt! Zieht ihn nicht sofort ganz fest an." Der Gestiefelte beobachtete Betty, die mich an einem langen, schwarzen Gegenstand schnuppern ließ, während Lydia mich an der Longe festhielt und neben meinem Kopf stand. Betty strich mit dem schwarzen Ding über meinen Körper und legte es mir dann auf den Rücken. Ich erschauderte! Das fühlte sich merkwürdig an und meine Haut zitterte an den Stellen, wo das Teil meinen Rücken und meine Seite berührte. Jetzt strich Betty mit der Hand unter meinem Bauch entlang und schnappte sich das lange Ende des Gurtes, der an meiner rechten Seite herunterhing. Ich spürte, wie es um meinen Brustkorb herum enger wurde und mich etwas immer mehr einschnürte. Ich atmete ein und es wurde noch enger; es fühlte sich an, als könne ich nicht mehr frei atmen. Betty trat zurück und Lydia schickte mich an der Longe vorwärts. Erst lief ich, doch fühlte mich durch den Gurt um meinen Brustkorb herum furchtbar eingeschnürt.

Mit großen Bocksprüngen versuchte ich, das Teil loszuwerden, hatte aber keine Chance – es saß bombenfest. Völlig außer mir lief ich Runde um Runde, schmiss die Beine und gewöhnte mich dabei langsam an den Druck hinter dem Widerrist, auf meine Rippen und an den Brustmuskeln hinter meinen Vorderbeinen. Als ich bei Lydia zum Stehen kam, war ich schweißnass.

„Gut gemacht, Lydia. Jetzt zieh ihr mal den Kappzaum mit der eingeschnallten Wassertrense an und schau, was sie dazu sagt", meinte der Gestiefelte, der am Reitplatzrand auf einer Bank saß. Betty kam mit Ledergeschirren in der Hand zu uns, zog mir das Halfter ab, bastelte mir das Lederzeug um den Kopf, während Lydia mich mit der Longe um den Hals festhielt, und schob mir am Ende eine Eisenstange ins Maul, die sie an dem Ledergeschirr befestigte. Was war das nun wieder? Ich versuchte, das Metallstück auszuspucken, und kaute hektisch darauf herum. Doch ich wurde es nicht los! Es war, als wäre es direkt an meinem Kopf befestigt. Ich zog die Nüstern kraus und schob die Zunge über die Metallstange, schob sie vor und zurück, aber nichts half. Ich schluckte Speichel und hatte Angst, nicht richtig atmen zu können, aber es ging. Während ich mit dem Trensengebiss beschäftigt war, schnallte Betty einen Dreieckzügel am Gurt zwischen meinen Vorderbeinen fest, führte die beiden Enden durch die Gebissringe und befestigte sie schließlich seitlich am Gurt. Dann trat sie zurück und Lydia gab mir das Zeichen zum Vorwärtsgehen. Aber wie sollte ich das tun? Mein Kopf war doch nach unten gebunden. Ich versuchte aufzuschauen, spürte Schmerzen in meinen Maulwinkeln, zog den Kopf noch höher – die Schmerzen wurden unerträglich. Als ich den Kopf senkte, ließ der Schmerz nach. Allerdings konnte ich so gar nicht mehr richtig sehen und mein Hals verkrampfte sich in dieser unnatürlichen Haltung. Wieder zog ich den Kopf hoch und sperrte das Maul auf.

Entsetzt spürte ich wieder diesen Schmerz im Maul! Ich musste hier raus! Aber wie? Ich rannte rückwärts.

„Schick sie vorwärts!! Sofort! Loooos, vorwärts!", schrie der Gestiefelte und Lydia hob die Peitsche und knallte damit hinter mir auf den Boden. Vor Schreck sprang ich nach vorne und sie trieb mich weiter an. Ich war außer mir und lief vorwärts im Kreis, ohne richtig sehen zu können. Mein Nacken und mein Hals taten nach wenigen Tritten schon weh vor lauter Verspannung, aber ich trabte weiter; versuchte irgendwie, dem zu entkommen, was mir angetan wurde. Irgendwann begriff ich, dass es das Beste war, den Kopf fallen zu lassen und den Hals tief zu tragen, auch wenn diese Haltung schmerzhaft war. Es war noch immer halb so schlimm wie die Schmerzen im Maul, wenn ich den Kopf hochnahm. Bei jedem Tritt wurde ich links und rechts im Maulwinkel nach unten gezogen – es sei denn, ich wölbte den Hals und rollte ihn so ein, dass der Dreieckzügel durchhing.

„Na schau mal, jetzt hat sie es begriffen. Super!", meinte der Gestiefelte. „Das reicht fürs Erste. Gut gemacht, Lydia! Schnall' sie los und lass sie sich noch mal strecken." Lydia ließ mich anhalten, kam zu mir, streichelte mich und entfernte den Dreieckzügel. Dann schickte sie mich wieder auf die Kreisbahn. Erleichtert und erschöpft streckte ich meine schmerzenden Halsmuskeln und machte mich so lang wie möglich. Ich schnaubte ab und gähnte. Ich war fix und fertig und völlig überfordert mit dem, was gerade geschehen war. Das Schlimme war, dass ich nun fast jeden Tag auf diese Weise bewegt wurde. Jedes Mal, wenn ich aus der Box geholt wurde, hatte ich schon Angst vor dem, was mit mir geschehen würde und freute mich somit auch kaum noch auf den Paddockauslauf, denn ich wusste nie, ob ich dorthin gebracht wurde oder die Tortur an der Longe wieder begann, wenn man mich im Stall abholte. Warum Lydia und Betty mir das antaten, wusste ich nicht. Bisher hatte ich keine Angst vor den beiden gehabt, doch dieses Herumscheuchen im ewig gleichen Kreis – in dieser zwanghaften Haltung – zerstörte jedes Fünkchen Vertrauen, das ich vielleicht zu den beiden hätte aufbauen können.

Hätte ich gewusst, dass dies nur die Spitze des Eisberges war, und dass mich noch weit grausamere Dinge erwarten würden, wäre ich vielleicht schon viel früher auf die Idee gekommen, dass der letzte Ausweg nicht Flucht, sondern Kampf war. Doch ich hatte keine Ahnung. Und das war wahrscheinlich auch gut so.

Durch die häufige enge Kopf- und Halshaltung, die ich an der Longe einnehmen musste, hatte sich auch mein Rücken verspannt und war hart wie ein Brett. Von der Geschmeidigkeit meiner Fohlentage, an denen ich übermütig und frei über die Weide gerannt war, blieb leider wenig übrig. Wenn ich mich in eine Richtung dehnte, um mich mit dem Hinterlauf am Ohr zu kratzen, schmerzte diese Dehnung im Rücken und Hals. Meine Maulwinkel taten nach dem Longieren auch oft weh, aber nach einiger Zeit bildete sich Hornhaut an den

Stellen, wo die Schenkel des Gebisses ständig auf meine Maulspalte einwirkten. Ich war gerade drei Jahre und zwei Monate alt.

Nachdem ich mich an das einschnürende Gefühl des Longiergurtes gewöhnt hatte, war mein Schock, als man mir ein noch größeres, schwereres Gerät auf dem Rücken festschnallte, nur noch halb so groß. Betty war damit beauftragt worden, mich mit meinem ersten Sattel vertraut zu machen.

Schade nur, dass sie den Sattelgurt nicht fest genug zog und der Sattel nach ein paar Galoppsprüngen rutschte und an meiner Seite herunterhing. Ich rannte wie wild an der Longe im Kreis, trat nach dem Sattel, der an mir festgeschnallt war und den ich nicht loswurde, während der Gestiefelte brüllte und fluchte. Betty stand weinend und hilflos in der Mitte und versuchte, die Longe nicht loszulassen, während ich bockend durch die Reithalle raste. Der Gestiefelte riss Betty irgendwann die Longe aus der Hand, nahm sie immer kürzer und ließ mich auf die Hallenwand zulaufen, um einen Notstopp auszuführen. Am ganzen Körper zitternd kam ich zum Stehen und Betty öffnete schluchzend vorsichtig den Sattelgurt. Der Sattel fiel zu Boden, ich machte einen Satz, rannte dabei fast den Gestiefelten um und wurde dafür hart an der Longe zurechtgewiesen. Diese allererste Begegnung mit dem Sattel führte natürlich nicht dazu, dass ich freudig erregt kaum erwarten konnte, dass dieses Ding noch einmal auf mir festgeschnallt wurde. Aber genau das tat der Gestiefelte, während Betty mich fest an der Longe hielt und versuchte, nicht mehr zu schluchzen. Ich stand wahnsinnig unter Strom und hielt die Luft an, als der Sattelgurt geschlossen und fest angezogen wurde. Dann schickte der Gestiefelte mich in die Umlaufbahn und ich rannte wieder; bockte, um zu versuchen, das Ding auf meinem Rücken loszuwerden; nahm den Kopf zwischen die Beine, aber es half nichts: Das Ding saß fest auf meinem Rücken und bewegte sich nicht. Irgendwann gab ich erschöpft auf, fiel in einen Trab und schließlich in den Schritt. Noch immer saß der Schreck fest in meinen Gliedern und ich war nach dieser Erfahrung niemals auch nur annähernd entspannt, wenn die Mädchen mich in den nächsten Tagen mit dem Sattel longierten. Natürlich wurde mir dabei zu allem Überfluss auch noch der Kopf mit dem Dreieckzügel nach unten gebunden, was nicht dazu beitrug, dass ich Freude an dem empfand, was mit mir veranstaltet wurde.

Mein Fazit nach all diesen Dingen, die die Menschen mit mir angestellt hatten, war ganz klar: Es bedeutete viel Druck, sobald eines dieser Wesen auftauchte. Meistens sogar Schmerz, Angst, Panik. Wie recht meine Mutter damals gehabt hatte:
„Menschen … sei stets auf der Hut vor ihnen!"

✰✰✰✰✰✰✰✰✰✰✰✰✰✰

Jetzt ist der Moment gekommen, innezuhalten und sich zu fragen: Was empfindet MEIN Pferd bei der Arbeit mit mir? Geht es ihm gut dabei? Zeigt es Freude, wenn es mich sieht? Wehrt es sich gegen bestimmte Dinge?

Liebe Pferdefreunde, ein Pferd tut nichts ohne Grund und wir sollten jede Reaktion des Pferdes auf eine Handlung unsererseits genau durchleuchten. Warum? Ganz einfach: Die Natur hat vorgesehen, dass Pferde keinen Schmerzlaut haben. Sie sind dazu verdammt, still zu leiden. Ohne Murren alles zu erdulden, was der Mensch Ihnen antut. Könnte das Pferd wie eine Katze fauchen oder wie ein Hund knurren, wenn ihm etwas nicht passt, würden wir vielleicht anders handeln. Wenn es jaulen würde, weil ihm der Rücken wegen des unpassenden Sattels oder schlecht sitzenden Reiters wehtut, vielleicht würden wir dann darauf hören. Aber Pferde leiden still. Man muss manchmal genau hinsehen, um herauszufinden, wie es ihnen geht und ob etwas nicht stimmt. Manchmal reden Sie aber auch sehr laut mit uns, schreien uns regelrecht an – und zwar in den Momenten, in denen sie z. B. mit dem Schweif schlagen, mit den Augen rollen und nach uns beißen, wenn wir mit dem Sattel über dem Arm um die Ecke kommen. Aber das kann man ja ignorieren! „Das macht der immer", höre ich dann häufig!!! Und zwar genau von den Leuten, die im nächsten Satz sagen: „Ach, wenn der Gaul doch nur *EINMAL* sprechen könnte!" Das Pferd spricht mit uns! Aber wir hören nicht zu! Öffnen Sie Ihren Verstand und Ihr Herz und hören Sie auf die Dinge, die das Pferd uns in seiner Sprache zu sagen versucht!

Ich persönlich muss leider sehr oft mein Herz verschließen, wenn ich in einer Reithalle Unterricht gebe oder reite, in der noch andere Menschen mit ihren Pferden unterwegs sind, die die ganze Zeit lauthals mit ihren Reitern sprechen, aber nicht erhört werden. Wie können die Menschen nur so taub sein?! Oft sind Pferde mittels Sperrriemen (allein schon der *Begriff*!!) so eng eingeschnürt, dass sie keine Luft bekommen, weil dieses Ding auf ihren Atemwege drückt! Sie röcheln geradezu, aber der Reiter merkt es nicht! Oder das Pferd knirscht beim Reiten mit den Zähnen, weil es sich gar nicht anders zu helfen weiß – auch das wird ignoriert oder im schlimmsten Falle noch bestraft. Wenn ich könnte, würde ich diese Reiter gern von ihren Pferden zerren und sie fragen, warum sie eigentlich dieses Hobby gewählt haben und nicht lieber Golfen oder Tennisspielen gehen. Ich habe in mehr als einem Stall wegen solcher Äußerungen schon Hausverbot bekommen. Um meinen Beruf weiter ausüben zu können, muss ich leider zu oft den Mund halten. Wie die Pferde, die zur Stille verdammt sind.

Pferde kommunizieren nicht nur untereinander, sondern auch sehr deutlich mit uns Menschen. Sie wollen gesehen, gehört und verstanden werden. Wir sollten lernen ihnen zuzuhören, denn eine harmonische Beziehung setzt gegenseitiges Verstehen voraus.

„Die Namen ›Gerechtigkeit‹ und ›Gehorsam‹ werden immer als Werkzeug der Gewalt und als Waffe der Unfähigkeit benutzt."
(Jean-Jacques Rousseau)

VI.
Blind ausgeliefert

Wenn ich zurückdenke, fing der Tag eigentlich sehr schön an: Mit Bella und Sky durfte ich auf die Weide und das frische Gras genießen. Wir streiften herum, kauten genüsslich auf dem saftigen Grün und konnten endlich wieder nach Herzenslust laufen und uns frei bewegen.

Ich holte tief Atem, ließ meinen Blick schweifen und war für einen Moment einfach nur glücklich. Als ob es Gestern nie gegeben hätte und dieser Tag auf der Weide niemals enden würde.

Ein schöner Traum, denn noch vor dem Abend würde sich eine neue Dimension des Schreckens für mich auftun.

Nach ein paar Stunden draußen in der Freiheit döste ich im Stall vor mich hin und verdaute müde und zufrieden das frische Gras. Kurz bevor mein Zeitgefühl mir sagte, dass es bald Abendfutter geben würde, holte Betty mich ab, putzte und sattelte mich und brachte mich in die Reithalle, wo der Gestiefelte auf uns wartete. Statt einer Longe war ein dünner Lederriemen von rechts nach links und hinten über meinem Hals in den Gebissringen eingeschnallt: die Zügel. Betty stand vorn an meinem Kopf und hörte geduldig dem Gestiefelten zu, der ihr irgendetwas erklärte. Er stand neben mir, in der Mitte meines Körpers, wo ich ihn nicht gut sehen konnte. Das bereitete mir Unbehagen. Ich versuchte, mich zu drehen, was Betty aber verhinderte. Als nächstes spürte ich einen Zug in meiner linken Körperhälfte und drehte meinen Kopf, um zu sehen, was da vor sich ging. Der Gestiefelte hatte seinen linken Fuß in den Steigbügel des Sattels gestellt und zog sich an mir hoch. Was zum Teufel …?! Ich machte einen Satz nach vorne und der Gestiefelte ließ los und landete mit beiden Füßen wieder auf dem Boden.

„Betty, handle etwas vorausschauender und versuche zu verhindern, dass sie wegläuft", sagte der Gestiefelte ärgerlich und trat wieder links an mich heran. Betty nickte stumm und griff die Zügel unter meinem Kinn fester. Der Gestiefelte nahm seinen Fuß wieder in den Steigbügel und zog sich hoch. Ich wollte nach vorne, aber Betty hielt mich fest. Der Gestiefelte hing links an mir herunter und zog mich aus der Balance. Ich verspannte mich und erstarrte.

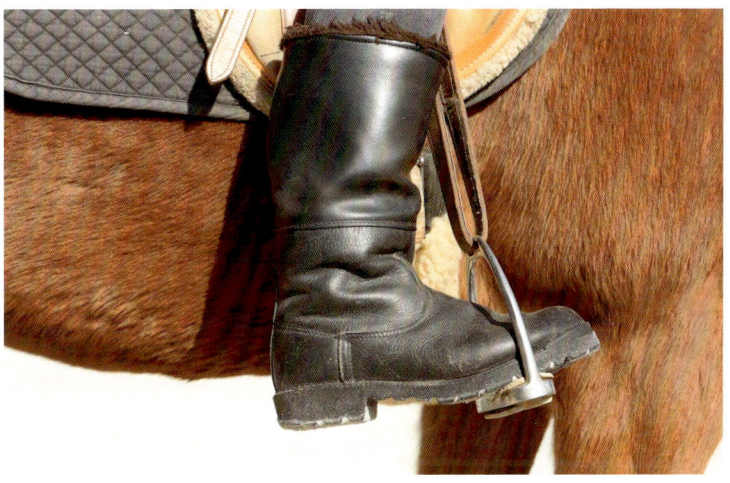

„Soooooo ist's braaaaav, schön stehenbleiben", hörte ich den Gestiefelten hinter meinem Kopf sagen. Sehen konnte ich ihn nicht, denn Betty hielt mich ja fest, sodass ich mich nicht umdrehen konnte. Das gefiel mir gar nicht. Noch weniger gefiel mir, dass der Gestiefelte sein rechtes Bein über meinen Rücken schwang und ich einen Riesenschrecken bekam, als es plötzlich auf meiner rechten Körperseite wieder auftauchte. Ich konnte das nur aus den Augenwinkeln sehen, denn den Kopf drehen, war ja nicht möglich.

Ich spürte sein Gewicht nun mittig auf meinem Rücken, der zum Brett erstarrt war – genauso wie der Rest meines Körpers. Mein Hals war hoch aufgerichtet, meine Ohren nach hinten gerichtet und ich stand unter Vollspannung. Der Gestiefelte tätschelte mir von oben den Hals und ich zuckte zusammen.

„Gutes Mädchen, braaaaav", sagte er immer wieder. „Lass sie mal los, Betty." Betty gab meine Zügel frei und ich konnte mich umdrehen. Wie sich das anfühlte! Wenn ich mich drehte, musste ich das Gewicht des Gestiefelten auf meinem Rücken mit ausbalancieren. Ich sah nur Teile von ihm: den Kopf, einen Teil vom Arm und die Beine, wenn ich mich ganz zur Seite bog. Dabei hatte ich aber Angst, umzufallen. Das durfte auf keinen Fall passieren. Das wäre mein sicheres Ende.

Da stand ich nun, den Gestiefelten wie eine Raubkatze auf mir sitzend und ihm sprichwörtlich blind ausgeliefert. Zwar streichelte und tätschelte er mich und redete beruhigend auf mich ein, aber ich traute ihm nicht eine Sekunde lang. Dann schnalzte er mit der Zunge und drückte beide Beine leicht gegen meinen Bauch. Ich spannte mich noch mehr an und rollte die Augen nach hinten. Er wiederholte sein Kommando und ich ging einen Schritt vorwärts, ihn mit mir tragend, und fühlte mich, als würde ich die ersten Schritte meines Lebens tun. Es war nicht auszuhalten! Ich konnte es nicht ertragen, diesen angsteinflößenden Menschen in meiner blinden Zone auf dem Rücken zu tragen, sein Gewicht mit auszubalancieren und bei jedem Schritt in völlige Panik zu geraten, dass ich das Gleichgewicht verlieren könnte!

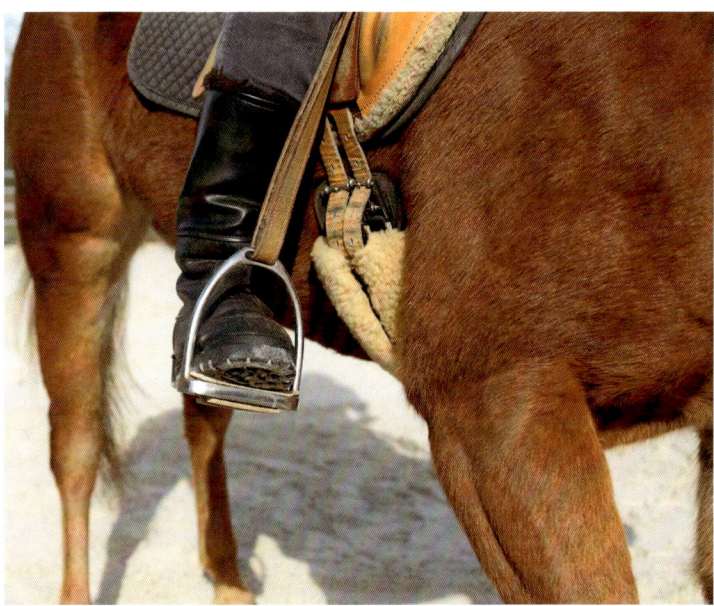

Ich startete durch, raste los und bockte, machte den Rücken rund, versuchte, den Kopf zwischen die Beine zu nehmen, was jedoch dadurch verhindert wurde, dass der Gestiefelte an den Zügeln zog und meinen Kopf hochriss. Ich raste, bockte so gut es ging, doch der

Mensch klammerte sich mit seinen langen Beinen an meinem Körper fest und hing wie eine Klette an mir. Im nächsten Augenblick wurde ich am linken Zügel grob herumgerissen und musste auf einen kleinen Kreis kommen, um dem Schmerz im Maul auszuweichen. Unweigerlich wurde ich langsamer und konnte in dieser Haltung auch nicht mehr bocken. Ich kam zum Stehen, zitterte und atmete kurz und schnell. Mir tat alles weh, aber was noch schlimmer war: Es war mir nicht gelungen, dieses Raubtier von meinem Rücken herunterzubekommen. Es gab kein Entrinnen. Ich war in seiner Gewalt und er konnte mich durch Schmerzen gefügig machen. Nun tätschelte er mich wieder, drückte mit den Schenkeln gegen meinen Bauch und ich ging langsam und vorsichtig los. Nach ein paar Metern brachte er mich mit ‚Hooooh' zum Stehen – noch ein Tätscheln – und er schwang sich aus dem Sattel. Als er neben mir landete, wich ich sofort seitlich von ihm weg und versuchte, mich von ihm zu entfernen. Er rief Betty heran, die ihn bewundernd ansah, drückte ihr meinen Zügel in die Hand und wischte sich den Schweiß von der Stirn. Auch er sah etwas mitgenommen aus.

Betty führte mich noch ein paar Runden durch die Halle. Der Gestiefelte war nicht mehr zu sehen. Ich versuchte zu verarbeiten, was gerade geschehen war, doch ich war noch zu geschockt und aufgewühlt, um klar denken zu können.

✫✫✫✫✫✫✫✫✫✫✫✫✫✫

Das Anreiten eines jungen Pferdes ist absolute Vertrauenssache und es gibt im Grunde nur eine einzige Chance, es richtig zu machen. Läuft beim ersten Versuch etwas schief, hat das Pferd oft seine Meinung über das Thema schnell gebildet.

Ganz wichtig ist, dass man nicht auf das Pferd steigt, bevor man am Boden das Vertrauen des Tieres gewonnen hat und es mit bestimmten Übungen darauf vorbereitet hat, was auf es zukommt. Ganz wichtig zu wissen ist, dass die beiden Gehirnhälften der Pferde nicht auf die gleiche Weise verbunden sind wie unsere. Darum ist es unerlässlich, mit dem Pferd alle Übungen immer von beiden Seiten durchzuführen.

Das Aufsteigen sollte von beiden Seiten geübt werden – auch die rechte Seite sollte nicht vernachlässigt werden, damit das Pferd lernt, dass ihm nichts geschieht.

Man sollte darauf gefasst sein, dass das Pferd sich z. B. vor einer offenen Mülltonne, die auf dem Hinweg auf der rechten Seite steht, auf dem Rückweg, wenn die Tonne auf der linken Seite steht, erneut erschreckt. Das Pferd möchte uns nicht ärgern oder veräppeln; nur ist das Bild der Mülltonne von links und von rechts etwas völlig Verschiedenes. Dass das Pferd so sensibel reagiert und seine Wahrnehmung derart ausgeprägt ist, hat ihm über Jahrtausende hinweg das Leben gerettet. Wir dürfen es darum nicht dafür bestrafen!

Beim Aufsteigen ist es ja so, dass wir auf einer Seite stehen (meistens links) und Teile unseres Körpers aber plötzlich nach dem Aufsteigen auch auf der rechten Seite des Pferdes auftauchen. Damit das Pferd damit klarkommt, ist es so wichtig, ihm mit gezielten Übungen den Schrecken davor zu nehmen, dass Dinge, die von einer Seite kommen, plötzlich auf der anderen Körperseite wieder auftauchen.

Das Schlimmste beim ersten Mal reiten ist für das Pferd mit Sicherheit das Aufsteigen, wenn der Mensch wie ein Mehlsack an einer Seite herunterhängt und das Pferd Angst hat, das Gleichgewicht zu verlieren und umzufallen. Darum sollte man dies (von beiden Seiten!) ausreichend üben, damit das Pferd sich daran gewöhnt. Ich arbeite auch gerne recht schnell mit einer Aufstiegshilfe, um das Pferd nicht aus der Balance zu bringen. Für den Pferderücken ist diese Variante auf jeden Fall schonender. Pfeifen Sie einfach auf die Blicke der anderen Reiter („*Bist Du zu unsportlich, um aufs Pferd zu klettern, oder was?*") und denken Sie daran, dass Sie dem Rücken Ihres Pferdes einen großen Gefallen tun, wenn Sie mit einer Aufstiegshilfe aufsteigen.

Eine Aufstiegshilfe schont den Pferderücken und erleichtert dem Pferd die Balance zu halten.

Sehr hilfreich ist es auch, bei den ersten Ritten eine vertrauenswürdige Person am Boden zu haben, die die ersten Schritte des Pferdes mit Reiter begleitet. Das Pferd begreift so z. B. schneller, dass es auf Schenkeldruck vorwärts treten soll, wenn der Mensch am Boden sich ebenfalls vorwärts bewegt und so das Pferd zum Mitgehen animiert. Außerdem wird das Pferd, wenn es Fluchtgedanken entwickelt, immer eher zu jemandem am Boden laufen, dem es vertraut, als dann in blinder Panik mit dem Reiter durch die Gegend zu schießen.

Pferde anzureiten ist Vertrauenssache. Man sollte sich gut überlegen, wen man dafür engagiert. Mit dem Anreiten legt man den Grundstein für das zukünftige Leben des Tieres als Reitpferd – und das will gut geplant und überlegt sein.

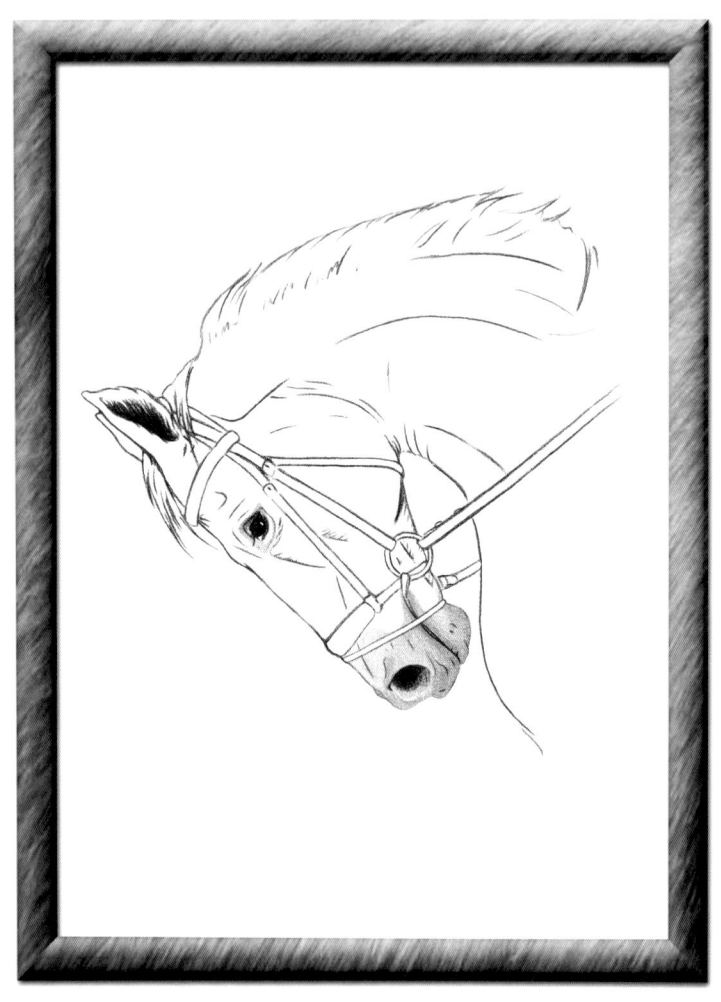

„Unfähigkeit und Gewalt sind Pferde
im selben Gespann."
(Ungarisches Sprichwort)

VII.
Gefangen in einem Albtraum

In dieser Nacht fand ich keine Ruhe. Immer wieder kamen die Bilder und Gefühle in mir hoch, die ich während des Tages erlebt hatte. Nun, in der Ruhe und Dunkelheit, versuchte ich zu verarbeiten, was geschehen war. Ich versuchte, den Albtraum zu begreifen. Wie ein Raubtier hatte der Gestiefelte in meinem Nacken gesessen und mir seinen Willen aufgezwungen. Es war das Schlimmste, was mir je passiert war. Ich fühlte mich nicht mehr sicher, noch nicht einmal mehr hier in meinem kleinen Gefängnis, denn jederzeit konnte einer dieser zweibeinigen, zornigen Menschen herkommen und mich mitnehmen.

Genau das geschah auch am nächsten Morgen. Es war Lydia, die mich aufhalfterte und zum Longieren mit in die Halle nahm. Es war noch ein anderes Pferd anwesend, das gerade vom Gestiefelten geritten wurde – ein großer Schimmel. Irgendetwas fühlte sich merkwürdig bei ihm an, doch er war zu weit weg, als dass ich es hätte erfassen können. Ich zog meine Kreisbahnen und Lydia gab mir mit ihrer Stimme und der Peitsche zu verstehen, was ich machen sollte. Richtig schauen konnte ich nicht, denn der Dreieckzügel hielt meinen Kopf wieder fest und verursachte über das Gebiss Schmerzen in meinem Maul, sobald ich versuchte, nach oben zu schauen.

Irgendwann jedoch lief der große Schimmel ganz nah an mir vorbei – und was ich spürte, war unbeschreiblich. Ich fühlte den Gestiefelten, der auf seinem Rücken saß: seinen Atem, seinen beschleunigten Herzschlag und seine festen Muskeln. Doch ich fühlte das andere Pferd nicht. Überhaupt nicht. Es war, als sei es gar nicht da. Ich blickte kurz auf und kassierte dafür einen schmerzhaften Zug im Maulwinkel. Der Schimmel war auf meiner Höhe, hatte ebenfalls den Kopf gesenkt und blickte zu Boden. Ich sah in seine Augen … und sie waren absolut leer. Ich suchte eine Verbindung zu ihm, doch da war nichts. Rein gar nichts! Es war, als wäre der Schimmel eine leere Hülle ohne Seele. Runde um Runde lief er mit dem gleichen Ausdruck und funktionierte einfach wie ein Roboter. Kein Gefühl ging von ihm aus – nichts, was zu mir vordrang. Wie ein Gespenst kam er ab und zu an mir vorbei – und auch dann war nicht zu ergründen, ob er mich überhaupt wahrnahm. Nichts an ihm veränderte sich und er wirkte wie durch den Gestiefelten ferngesteuert.

Ich war verwirrt und schockiert. So etwas hatte ich noch nie erlebt. Konnte es nicht einordnen. Vorsichtshalber drohte ich nun jedes Mal mit zurückgelegten Ohren und Schweifschlagen, wenn der Schimmel mir zu nahe kam. Er war mir unheimlich.

Irgendwann stieg der Gestiefelte von ihm herunter und übergab ihn an Betty, die in der Zwischenzeit in der Halle aufgetaucht war. Sie führte ihn am langen Zügel weiter durch die Halle und noch immer wirkte er wie ein wandelnder Toter auf mich. Aber ich hatte nicht viel Zeit, darüber nachzudenken, denn sobald Lydia den Dreieckzügel abgenommen hatte, kam der Gestiefelte, schnallte Zügel an meinen Gebissringen fest und zog den Sattelgurt mit einem Ruck an. Ich zuckte zusammen – fühlte mich wieder eingezwängt und hielt die Luft an. Was für ein schreckliches Gefühl! Lydia blieb an meinem Kopf stehen und er … nein … ich konnte es nicht fassen … kam an meine linke Seite, hob das Bein an, stellte den Fuß in den Steigbügel und wollte sich an mir hochziehen. Nein!! Nicht schon wieder! Ich war außer mir vor Abscheu und Angst und machte einen Riesensatz nach vorne, rannte Lydia über den Haufen, sie ließ mich los und ich war frei. Ich galoppierte mit wehenden Zügeln durch die Halle. Der Gestiefelte beschimpfte die am Boden liegende Lydia und kam hinter mir her. Der Schimmel hob kurz den Kopf und zum ersten Mal ging so etwas wie der Funke eines Gefühls von ihm aus. Ich rannte mit hocherhobenem Schweif durch die Halle. Der Gestiefelte blockierte meinen Weg und versuchte, mich einzufangen, aber ich ließ ihn nicht an mich heran. Er fluchte und rief Lydia etwas zu, die daraufhin aus der Halle verschwand und kurze Zeit später mit zwei weiteren kurzfelligen Menschen wieder auftauchte.
Die drei blieben an der Hallentür stehen und ich spürte ihre Blicke auf mir, während ich noch immer lief – mal im Trab, mal im Galopp, aber niemals langsamer.

„Holla die Waldfee, ist das ein prachtvolles Pferd", rief einer der Kurzfellmenschen durch die Halle. „Schau sich einer diese Bewegungen an … und diesen Blick! Und das glänzende Fell! Alle Achtung, Franz, da hast Du ja einen grandiosen Fang gemacht."
Der Gestiefelte blickte über seine Schulter.
„Ja, ganz grandios", erwiderte er. „Wenn dieses Vieh nicht bloß so bockig wäre! Aber das werde ich ihr schon noch austreiben. So, jetzt helft mir bitte mal, sie wieder einzufangen, anstatt sie auch noch dafür zu bewundern, was sie hier für eine Show abzieht!"

Es dauerte nicht lange, bis die vier Menschen mich in eine Ecke der Halle getrieben hatten. Betty zog derweil noch immer mit dem Schimmel ihre Runden. Er war ein wenig aus seinem Dämmerschlaf aufgewacht und beobachtete, was geschah. Er nahm nun endlich wieder die Welt um sich herum wahr. Er lebte noch.
Lydia, der Gestiefelte und die zwei anderen Kurzfellmenschen bildeten einen Halbkreis um mich, den sie stetig enger zogen. Ich stand mit dem Kopf zur Wand, entschlossen, mich zu verteidigen, falls der Gestiefelte mir zu nah kommen sollte. Doch es war Lydia, die sich mir näherte, mit mir sprach, an der Wand entlang ging, bis sie neben mir stand und ihre Hand ausstreckte. Ich reagierte nicht und bewegte mich nicht. Sie ergriff meinen Zügel. Ihr Herz raste und sie atmete schnell. Klopfte mich hektisch auf den Hals und drehte mich herum.
„So, das Ganze noch mal. Könnt Ihr beide Lydia helfen, Honey festzuhalten? Ich möchte auf keinen Fall, dass es noch einmal zu dieser Situation kommt", sagte der Gestiefelte mit zusammengepressten Zähnen.
Die beiden Kurzfellmenschen standen nun seitlich an meinem Kopf, während Lydia direkt vor mir stand. Sie hielten seitlich meine Zügel fest und übten Druck auf das Gebissstück aus. Wenn ich dagegen

anzog, wurden die Schmerzen noch schlimmer; aber ich konnte nicht anders, denn der Gestiefelte zog sich schon wieder an mir hoch. Ich sah ihn jetzt fast überhaupt nicht mehr, weil der Kurzfellmensch auf meiner linken Seite meine Sicht einschränkte, doch ich spürte ihn, spürte seine Wut durch seinen Herzschlag, seinen Muskeltonus und seinen Atem. Und ich konnte nicht entkommen. Die beiden Menschen hielten mich mit eisernem Griff fest und zogen meinen Kopf nach unten, sobald ich weglaufen wollte.

Es gibt keine Worte, die das Grauen beschreiben können, das ich empfand. Ich fühlte mich ausgeliefert und völlig hilflos. Konnte nichts dagegen tun, dass der Gestiefelte sich auf meinen Rücken schwang und die Zügel in die Hand nahm, um mich wieder durch die Halle zu steuern. Sobald die beiden Menschen am Boden mich losließen, rannte ich, stieß dabei Lydia fast wieder um und schoss vorwärts, versuchte, den Gestiefelten durch Bocken loszuwerden, doch er klammerte sich mit seinen Beinen fest und riss mich mit dem Zügel herum.

Nach einigen Runden konnte ich vor Schmerzen im Hals und Rücken durch diese zwanghafte Haltung, die ich einnehmen musste, kaum noch den Rücken aufwölben und Bocksprünge machen. Ich lief nun einfach meine Runden, in völliger Verspannung, drückte den Rücken weg und schmiss die Beine.

„Sensationell, welchen Ausdruck das Pferd beim Laufen hat!", rief einer der Kurzfellmenschen durch die Halle. „Franz, wenn sie Dich am Leben lässt, hast Du da wirklich ein richtiges Kaliber am Start!" Der Gestiefelte auf meinem Rücken lachte und ein Schauer lief durch meinen Körper.

„Ja, *WENN*!", erwiderte er und steuerte mich weiter im Trab durch die Halle. „Mal sehen, wer von uns beiden überlebt." Die Menschen am Boden lachten und sahen uns weiter zu, wie wir unsere Bahnen durch die Halle zogen.

Irgendwann war das Grauen vorbei, der Gestiefelte stieg ab und übergab mich an Lydia, die mich am langen Zügel durch die Halle führte. Wieder tat mein ganzer Körper weh und ich ließ den Kopf hängen, machte den Hals lang und versuchte, meine geschändeten Muskeln zu dehnen. Was konnte ich nur tun, um mich zu retten? Kein anderer würde mir helfen, das war mir nun klar. Ich musste mir selbst helfen. Nur wie?

Jedes Mal, wenn der Gestiefelte mich ritt (was fast täglich geschah), war ich besessen von diesem Gefühl der Ohnmacht und der Abscheu. Oft versuchte ich ihn abzuwerfen, aber es gelang mir nicht.

Manchmal rammte er mir seine Beine in die Rippen, manchmal nahm er die Zügel so kurz, dass ich dachte, mein Kiefer müsste brechen. Ich konnte das Maul nicht öffnen, weil es mit einem Riemen zugeschnürt war. Verzweifelt versuchte ich stets, dem Druck des Metallgebisses auszuweichen, es auszuspucken, aber es war unmöglich. Der Druck hinter meinen Schultern war für mich darum das geringere Übel. Zwar drückte der Sattel vor allem bei Wendungen einseitig auf meinen Knochen, aber die Schmerzen im Maul und im Hals und im Genick durch diese ewige zwanghafte

Haltung, die ich einnehmen musste, waren viel präsenter. Manchmal schlug der Gestiefelte mir von oben auf den Hals – es dauerte lange, bis ich davor nicht mehr erschrak und noch länger, bis ich verstand, dass es wohl eine Geste der Anerkennung sein sollte, denn er tat es jedes Mal, wenn ich anscheinend eine für ihn gute Leistung gezeigt hatte.

Die Zeiten, die ich in meiner Box verbrachte, waren für mich die ruhigsten und sichersten des Tages. Mein Gefängnis wurde für mich zu einer Festung. Solang ich hier drinnen war, passierte mir nichts. Kam jemand, um mich herauszuholen, wusste ich nie, ob ich zum Reiten oder zum Paddock geführt wurde. Wie groß meine Erleichterung stets war, wenn es nach draußen ging, können Worte nicht beschreiben.

Die Zeit mit den anderen an der frischen Luft war das letzte bisschen Freiheit, das mir noch geblieben war. Ich konnte mich kaum noch an die Zeit auf der großen Wiese zurückerinnern, auf der ich aufgewachsen war. Es kam mir vor, als wäre das in einem anderen Leben passiert. Oder hatte ich es nur geträumt? Ich konnte in meinem Inneren das Gefühl nicht mehr finden, das mich an diesen Ort zurückversetzte. Es war verschwunden ... überdeckt von Angst, Schmerz und Grauen.

„Jede Erinnerung ist ein totes Glück."
(Daniel Le Sueur)

✮✮✮✮✮✮✮✮✮✮✮✮✮✮

An was erinnert uns die Geschichte der jungen Stute Honey, wenn wir uns in ihre Lage versetzen? Für mich ist die Sache ganz klar: Ein Pferd zu reiten, das noch nicht so weit ist, und das dem Reiter nicht vertraut, ist nichts anderes als eine Vergewaltigung. Eine Vergewaltigung des Körpers und der Seele. Von mehreren Menschen festgehalten werden, damit einer das Pferd besteigen und von oben dominieren und mit Schmerzen gefügig machen kann – genau das ist Vergewaltigung für mich. Werden Pferde auf diese Weise (an-)geritten, erleiden sie (meist irreparable) Schäden an Körper und Seele. In den USA wird heute noch z. T. die Methode praktiziert, ein Pferd an einem Pfahl anzubinden und dann den Reiter zum ersten Mal daraufzusetzen. Das Pferd hat keine Chance zu entkommen. Es fühlt sich ausgeliefert und gefangen in einem Albtraum. Selbst, wenn es danach in „vernünftige Reiterhände" gelangt, wird es diese Tortur und den Schrecken, den es erfahren hat, niemals vergessen. Pferde vergessen schlimme Erfahrungen niemals. Manchmal kann man sie – je nach Stärke und Ausmaß der negativen Erfahrung – mit positiven Erlebnissen „überschreiben". Aber dies dauert oft lange und manchmal können wir die tiefen Narben in der Seele des Pferdes nicht ganz heilen.

Ein Kind, das misshandelt und geschändet wurde, wird es sehr schwer haben, jemals Vertrauen zu anderen Menschen aufzubauen. Genauso ist es mit Tieren, die schlecht behandelt oder aus Mangel an Wissen falsch trainiert wurden. Entweder ziehen sie sich komplett in sich zurück oder sie begegnen der Welt mit Gegenwehr. Beides wird von der Gesellschaft nicht akzeptiert. Dabei *WAR* es doch die Gesellschaft, die zugelassen hat, dass derart abscheuliche Dinge überhaupt geschehen können.

Wenn wir Wert darauf legen, Vertrauen zum Pferd aufzubauen und es mit Respekt und Liebe behandeln, wird das Anreiten niemals ein Problem sein – *SOFERN* das Pferd keine physischen Probleme hat. Das muss immer erst ausgeschlossen werden, denn ein Pferd mit Rückenschmerzen hat jedes Recht der Welt, sich gegen das Reiten zu wehren! Genauso hat das Pferd das Recht, sich gegen einen Reiter zu wehren, den es nicht auf seinem Rücken tragen möchte. Es gibt immer einen Grund für das Verhalten des Pferdes ... und Pferde haben *IMMER* recht.

Harmonie zwischen Reiter und Pferd kann nur entstehen, wenn Achtung und Respekt vorherrschen. Verständnis für die individuelle Entwicklung des Pferdes ist Voraussetzungen für einen einfühlsamen Umgang.

Kein Pferd der Welt hat jemals darum gebeten, gezähmt und eingeritten zu werden. Das war die Idee des Menschen – und darum können wir den Pferden nicht die Schuld geben, wenn etwas nicht so läuft, wie wir uns das vorstellen. Es ist unsere Pflicht, dafür zu sorgen, dass das Pferd bei der Arbeit nicht leidet! Es ist unsere

Pflicht, dem Pferd Freude bei der Arbeit zu vermitteln. Wer etwas anderes tut, fügt dem Tier seelischen Schmerz zu. Leider, leider wehren die Pferde sich viel zu selten. Ich habe volles Verständnis für jedes bockende und durchgehende Pferd. Sie wollen uns damit eine Nachricht übermitteln: „Ich bin nicht einverstanden mit dem, was Du tust!" Nur leider verschließen wir unsere Ohren und Herzen und geben dem Pferd die Schuld an dem, was passiert.

Öffnen wir hingegen unsere Ohren und unsere Herzen, so haben wir die Chance, eine wunderbare Partnerschaft zu erleben, die ihresgleichen sucht. Es ist die Mühe immer wert.

„Kraft wird aus dem Zwang geboren
und stirbt an der Freiheit."
(Leonardo da Vinci)

VIII.
Angst im Nacken

„So, meine Lieben", verkündete der Gestiefelte und ging mit hinter dem Rücken verschränkten Armen in der Halle auf und ab. „Heute wird eine von Euch Honey reiten! Wer möchte?" Betty und Lydia standen mit großen Augen neben mir und ich spürte augenblicklich, wie bei Betty, die mich am Zügel festhielt, der Schweiß ausbrach und sie sich verkrampfte. Ich wurde unruhig. Die beiden Langfellmenschen sahen schweigend zu Boden und der Gestiefelte kam vor uns dreien zum Stehen.

„Betty? Wie wäre es mit Dir?" Betty schluckte und umklammerte meine Zügel noch fester.

„Ich weiß nicht recht", stammelte sie. „Meinen Sie denn, sie ist schon so weit?" Der Gestiefelte atmete tief durch.

„Mädels, es werden Euch in Eurem Leben immer mal solch widersetzliche Pferde wie Honey begegnen. Je schneller Ihr lernt, mit ihnen klarzukommen und dieses unerwünschte Verhalten zu unterbinden, desto besser. Ihr seid hier in der Ausbildung, um das zu lernen. Wenn das Pferd gegen Euch arbeitet, so wie Honey, dann müsst Ihr den Willen des Pferdes brechen – ansonsten lebt Ihr sehr gefährlich. Also Betty, in den Sattel mit Dir." Mit diesen Worten nahm er Betty meinen Zügel aus der Hand und hielt mich fest, während Betty an meine linke Seite kam und die Steigbügel verstellte. Lydia tat das Gleiche auf der rechten Seite. Auch von ihr ging eine gewisse Unruhe und Nervosität aus, aber nichts im

Vergleich zu Betty, die zitternd ihren linken Fuß in den Steigbügel stellte.

„Moment noch", meinte der Gestiefelte. „Zieh bitte Deinen Helm an." Betty ließ von mir ab und ich spürte die Erleichterung, als sie sich von mir entfernte. Die Angst, die sie ausstrahlte, war für mich schwer zu ertragen. Ich hatte ja selbst Angst – und gepaart mit Bettys Gefühlen war das eine hochexplosive Mischung.

Nach kurzer Zeit kam Betty behelmt zurück und atmete tief durch, bevor sie erneut ihren Fuß in meinen Steigbügel stellte und sich an mir hochzog. Sie wog weniger als der Gestiefelte und es war nicht ganz so unangenehm, sie auf meinen Rücken zu tragen. Jedoch machte ihre Angst mich verrückt. Ich tänzelte und der Gestiefelte hielt mich noch immer am Zügel.

„So, wir gehen jetzt langsam los. Schenkeldruck geben und mit der Zunge schnalzen. Aber nur ganz leicht. Nimm die Zügel auf und lass sie nicht locker." Während wir losliefen, hielt der Gestiefelte mich noch immer fest und ging nebenher.

„Spiel sie über den Zügel an, damit sie im Genick nachgibt. Sie zieht gerne mal dagegen. Bieg jetzt nach rechts ab."

Mit diesen Worten ließ er den Zügel los und Betty und ich schlichen allein durch die Halle. „Betty, richte Dich im Sattel auf, Du bist ja völlig verkrampft. Treib sie etwas mehr ans Gebiss heran, sie ist viel zu langsam unterwegs. Nicht vorne nachgeben, halt den Zügel fest. Soooo ist's besser." Der Gestiefelte stand mit verschränkten Armen in der Mitte der Halle und beobachtete, wie Betty mich durch den Sand lenkte. Sie drückte mit ihren Unterschenkeln gegen meinen Körper und ich lief etwas schneller, woraufhin sie die Zügel noch mehr annahm und ich mich immer mehr verspannte.

„So, dann trab sie mal an. Trab bitte leicht, denn sie gibt den Rücken noch nicht so richtig her. Bleib auf dem Zirkel, damit sie nicht zu schnell wird."

Falls überhaupt noch eine Steigerung möglich war, wurde Betty noch angespannter und aufgeregter bei den letzten Worten des Gestiefelten. Sie drückte noch mehr mit den Schenkeln und schnalzte mit der Zunge. Ich hatte gelernt, dass dies der Befehl zum Antraben war. Aber alles an Betty strahlte aus, dass sie gar nicht antraben wollte. Ich war komplett verwirrt. Was war nun richtig? Und was war falsch? Ich probierte es mit Traben. Das schien richtig zu sein, denn es erfolgte keine Strafe.

Betty und ich drehten ein paar Runden durch die Halle. Langsam entspannte sie sich etwas, ließ es aber leider durch ihre harte Hand und die kurze Zügelführung nicht zu, dass ich mich auch entspannen durfte.

„Gut gemacht, Betty. Lass sie mal Schritt gehen, dann kommen wir langsam zum Ende." Der Gestiefelte stand noch immer in der Hallenmitte und beobachtete jeden unserer Schritte. Meine Reiterin gab mir mit ‚Scheeeeeeritt' und einem erneuten Annehmen des Zügels zu verstehen, dass ich langsamer werden sollte, was ich auch tat. Sobald ich im Schritt war, atmete Betty tief aus und ließ den Zügel plötzlich los. Was war das? Mein Kopf war frei. Ich konnte mich strecken! Wie wunderbar! Das tat ich auch, machte den Hals lang und fühlte mich gleich viel wohler. Ich konnte mich wieder richtig bewegen und wurde nicht mehr gezwungen, den Kopf in der Tiefe zu halten, ohne die Möglichkeit, richtig zu sehen. Auch konnte ich ohne Schmerzen laufen. Das war meine Chance! Ich rannte los und machte einen großen Bocksprung, bei dem Betty von meinem Rücken geschleudert wurde. Ich war frei! Ich hatte es geschafft, den Reiter loszuwerden! Es war *DOCH* möglich! Wie großartig! Ich lief mit lang gestrecktem Hals durch die Halle und genoss das Gefühl, meine Muskeln dehnen zu können und das Gefühl des Wissens, dass es doch möglich war, das Monster auf meinem Rücken abzuwerfen. Herrlich!

Der Gestiefelte lief zu Betty, die am Boden lag und schluchzte. „Mann, Betty! Was machst Du?! Du kannst bei einem solchen Pferd doch nicht die Zügel lang lassen! Dieses Biest nutzt das sofort aus! Ein solches Miststück musst Du in jedem Moment durch die Zügel kontrollieren! Leider hast Du jetzt auf die harte Tour lernen müssen, was passiert, wenn Du das nicht tust. Alles in Ordnung mit Dir? Hast Du Dir wehgetan?" Betty richtete sich auf, wischte sich die Tränen aus dem Gesicht und schüttelte den Kopf.

„Ich glaub' nicht."

„Gut", meinte der Gestiefelte und atmete tief durch, während er Bettys Arm nahm und ihr auf die Füße half.

„Lydia, kannst Du Honey einfangen und in ihre Box bringen? Ich kümmere mich um Betty." Lydia nickte und der Gestiefelte stützte Betty, während die beiden die Halle verließen. Sie atmete tief durch und kam langsam auf mich zu, blieb aber ein paar Pferdelängen von mir entfernt stehen.

„Du bist ein bösartiges, falsches Biest", flüsterte sie, während sie mich ansah und die Arme vor ihrem Körper verschränkte. „Das ist Dein Dank dafür, wenn man Dir die Zügel lang lässt? Du bist selbst

Schuld, blöde Kuh!" Langsam kam sie näher und ich ließ mich von ihr am Zügel nehmen, absatteln und in meine Box führen. Ich war müde von der Rennerei und hatte keine Energie mehr, die Flucht zu ergreifen.

Ich dachte an dem Tag noch lange darüber nach, was geschehen war. Ich hatte es endlich geschafft, mich zu wehren und durch eigene Körperkraft meine Lage zu verbessern. Ein kleiner Sieg für mich.

„Aller Zwang fordert den Widerstand heraus."
(Max Nordau)

✮✮✮✮✮✮✮✮✮✮✮✮✮

Pferde spüren durch unsere Herz- und Atemfrequenz, unseren Muskeltonus und unseren Adrenalinspiegel, wie es uns geht. Ob wir es wollen oder nicht, wir strahlen unsere Stimmung ungefiltert auf das Pferd aus und es wird entsprechend reagieren.

Pferde sind derart sensibel, dass sie sehr genau wahrnehmen, was wir fühlen. Darum ist es im Umgang mit einem Pferd wichtig, sich seine Emotionen bewusst zu machen.

Ob ein Reiter nun wütend ist oder Angst hat, fühlt sich für das Pferd in etwa gleich schlimm an. Beides äußert sich durch verkrampfte Muskeln, beschleunigten Atem, ein rasendes Herz und einen erhöhten Adrenalinspiegel. Was ich damit sagen möchte, ist, dass es für ein Pferd fast unerträglich ist, jemanden zu tragen, der Angst hat. Wir können unsere Angst vor dem Pferd nicht verbergen. Je nach Charakter des Pferdes wird das Tier auch mit extremer Unsicherheit reagieren oder versuchen, dominant das Zepter zu übernehmen.

Gehen Sie darum mit Ihren Gefühlen bewusst um – selbstverständlich hat man manchmal Angst, das ist ganz natürlich und schützt uns auch. Durch verschiedene erlernbare Techniken ist es jedoch möglich, den Angstpegel etwas herunterzufahren und ruhiger zu werden.

Ein ausgeglichener und ruhiger Mensch überträgt seine Gelassenheit auf das Pferd und vermittelt ihm Sicherheit und Geborgenheit.

Pferde lieben eine ruhige, positive Ausstrahlung. Wir sollten immer daran arbeiten, dem Pferd genau das zu vermitteln: Ruhe, Entspannung, Ausgeglichenheit und Freude darüber, dass wir das Pferd sehen. Nur dann wird unser Training erfolgreich sein können. Stimmungsübertragung ist meines Erachtens wichtiger, als so manche Technik beim Pferdetraining, denn mit unserer Stimmung arbeiten wir zu 100 % die ganze Zeit über, die wir mit dem Pferd – und natürlich auch mit anderen Menschen – verbringen. Lernen Sie darum, Ihre Gefühle bewusst wahrzunehmen.

„Nichts ist höher zu schätzen als eine tiefe Begegnung."
(Ernst Ferstl)

IX.
Die Begegnung

Einige Tage später kam der Schmied. Ich mochte ihn, denn er hatte eine wunderbar gelassene Ausstrahlung, war stets gut gelaunt und nichts konnte ihn aus der Ruhe bringen. Auch nicht meine Aufgeregtheit, als er mich nach dem Ausschneiden meiner Füße nicht entließ, sondern mit dampfend heißen Eisen meine Hufe beschlug. Der scharfe Geruch brannte in meiner Nase und der Rauch, der aufstieg, ließ meine Augen tränen. Aber es tat nicht weh und der Schmied versicherte mir ständig, dass alles gut sei.

Am Abend des gleichen Tages kamen Lydia und Betty zu meiner Box, holten mich ab, banden mich in der Stallgasse an und wuschen meinen Schweif. Danach kämmten sie meine Mähne mit einem Kamm, schnitten ein Stück ab und flochten mir kleine Zöpfe. Sie nahmen sich beim Striegeln meines Fells sehr viel Zeit, zogen mir danach einen engen Überzug über den Hals und schnallten eine Decke an mir fest. Derart verkleidet stellten sie mich wieder in meinen Stall und gaben mir Abendessen. Ich dachte mir nichts Böses dabei – warum auch? Ich wusste ja nicht, was für eine neue Teufelei auf mich zukam.

Früh am nächsten Morgen kamen die beiden wieder, zogen mich aus und bürsteten erneut über mein Fell. Dann führten sie mich nach draußen (zum Paddock, dachte ich und freute mich – aber leider war das ein Trugschluss), wo der Gestiefelte im Morgengrauen wartete. Er stand neben einem Pferdehänger, der an einem großen Fahrzeug befestigt war. Sofort zogen Bilder an meinem inneren Auge vorbei: Der Kasten mit der Rampe; Marc, der an mir zog; die Longen hinter meinen Beinen; der Sturz auf den Asphalt ... und dann ... Nebel in meinem Kopf.

Ich rammte die Beine in den Boden und hob den Kopf, so hoch ich konnte.

„Warum hab' ich das geahnt?", sagte der Gestiefelte genervt. „Es wäre ja auch ein Wunder gewesen, wenn mit diesem Zossen mal *irgendwas* funktionieren würde." Mit diesen Worten kam er zu uns, übernahm meinen Führstrick und zog an mir herum. Ich bewegte mich keinen Zentimeter.

„Lydia, hol mal eine Gerte! Betty, bring mir das Steigergebiss und die Hengstkette aus der Sattelkammer!", rief er, während er weiter an mir herumriss. Er strahlte Hektik und Angespanntheit aus. All das trug nicht zu meiner Bereitschaft bei, mich dem Hänger auch nur ansatzweise zu nähern.

Zu dritt versuchten die drei nun, mich zu überreden, in den Hänger zu steigen. Lydia schlug von hinten mit der Gerte auf mich ein, der Gestiefelte zog vorne an mir und ich stieg und schlug mit dem Kopf. Daraufhin legte man mir eine Zäumung an, die nur aus einem Lederriemen hinter meinem Genick und einem dünnen Drahtgestell bestand. Übte der Gestiefelte nun damit Zug aus und ich versuchte, zu steigen, hatte ich unsagbare Schmerzen im Maul, die kaum zu ertragen waren. Zog ich dagegen, war es genauso schlimm. Ich war außer mir und versuchte zu fliehen, aber auch das wurde mittels des Steigergebisses erfolgreich verhindert. Immer noch schlug Lydia von hinten mit der Gerte auf mich ein, als Betty plötzlich neben mir auftauchte und mir ein Handtuch über den Kopf warf. Nun war ich auch noch blind und konnte nicht mehr sehen, wo ich war. Panik überkam mich und ich war binnen kürzester Zeit schweißgebadet. Irgendwann gab ich auf. Die Schmerzen waren nicht mehr auszuhalten und ich lief blind vorwärts, geführt von meinem Peiniger, in den Pferdehänger hinein. Sofort wurde hinter mir eine Stange eingehängt und die Rampe geschlossen. Das Steigergebiss wurde aus meinem Maul entfernt und ich wurde vorne angebunden. Dann ging die Fahrt los. Anders als beim letzten Mal, bekam ich nun alles mit. Ich war von den Schmerzen noch nervlich am Ende und die Fahrt tat ihres dazu. Schaukeln, Kurven, Anhalten, wieder Losfahren, nichts sehen können und nicht wissen, wohin diese Reise ging.
Aber irgendwann kamen wir an und ich wurde ausgeladen.
„So ein Mist", meinte der Gestiefelte. „Sie ist völlig nass vom Schweiß. Mädels, führt sie mal trocken. Nehmt aber besser das Steigergebiss, damit sie nicht abhaut."

Überall um mich herum waren andere Pferde, Menschen und Anhänger. Ich wieherte aufgeregt und ließ mich von den beiden Mädchen herumführen. Die Atmosphäre war wie elektrisch geladen – überall spürte ich Anspannung und Stress. Das verstärkte meine Gefühle natürlich noch und ich trabte in völliger Aufrichtung neben Betty und Lydia her. Lautsprecherdurchsagen und Händeklatschen erschreckten mich und lösten in mir einen Fluchtreflex nach dem anderen aus – doch das Steigergebiss ließ mich nicht aus seinen Fängen.

„Was für ein tolles Pferd!", hörte ich oft die Menschen sagen, an denen wir vorbeikamen. „Wer ist das bloß? Schau Dir mal die Gänge an! Das ist ja zum Totumfallen!"

Vor lauter Aufregung nahm ich kaum wahr, dass ich irgendwann gesattelt und aufgetrenst wurde. Der Gestiefelte führte mich zu einem großen Reitplatz, wo viele andere – mir unbekannte Pferde – geritten wurden und gestiefelte Menschen auf ihrem Rücken trugen.

Er stieg auf, während Betty und Lydia mich festhielten. Dann gesellten wir uns zu den anderen auf den Reitplatz.

Sofort nahm der Gestiefelte die Zügel an und ich musste den Kopf senken. Nur durch extremes Augenverdrehen konnte ich versuchen, etwas anderes als den Boden vor meinen Füßen zu sehen. Oft kamen andere Pferde ganz dicht an mir vorbei und alles in mir schrie danach, mehr Abstand zu halten – ich konnte ja noch nicht einmal sehen, wer mir da so nah kam. Ich roch nur den Schweiß von Mensch und Pferd und wurde von diesem unerträglichen Menschen auf meinem Rücken gelenkt – blind und ihm ausgeliefert; zwischen all diesen Fremden um mich herum, die ich noch nicht einmal ansehen durfte. Worte können meine Angst und Verspannung nicht beschreiben. Nach kurzer Zeit tat mein Hals unsäglich weh und mein Rücken wurde zu einem Brett aus harten Muskeln. Wir verließen irgendwann den Reitplatz und ritten unter einem Lautsprecher hindurch auf einen anderen, auf dem wir aber nun allein waren. Ich entspannte mich ein klein wenig und der Gestiefelte dirigierte mich im Schritt, Trab und Galopp in verschiedenen Bahnfiguren über diesen Platz, während aus dem Lautsprecher leise Musik ertönte. Manchmal nahm ich aus den Augenwinkeln fremde Gegenstände war (Blumenkästen, Fahnen, Tonnen und all diese fremden Menschen), aber es war mir verboten, sie anzusehen und zu erkunden, denn mein Kopf wurde ja noch immer durch immensen Druck auf dem Metallgebiss in meinem Maul unten gehalten. Blind und ausgeliefert beendeten wir irgendwann unsere Kür und verließen den Platz, während die Zuschauer applaudierten.

Draußen stieg der Gestiefelte von meinem Rücken, schlug mir kräftig auf den Hals und übergab mich an Betty, die strahlend neben Lydia stand und mich in Empfang nahm.

Ich wurde am Hänger angebunden und abgesattelt. Betty legte eine Fleecedecke auf meinen brennenden Rücken und gab mir Wasser und Körner. Um mich herum standen zahlreiche Menschen, die mich anschauten und redeten. Von ihnen ging aber keine Gefahr aus – die Anspannung in der Luft war nicht mehr so groß.

Im Halbschlaf stand ich völlig ausgezehrt da, als der Gestiefelte mit großen Schritten ankam und mich wieder sattelte und erneut auf den Reitplatz ritt. Schlagartig war ich wieder wach. Andere Pferde waren dort und aus dem Lautsprecher kamen Menschenstimmen. Ein Langfellmensch kam zu mir und wollte eine Schleife an meinem Kopfstück befestigen. Ich erschrak und wich zurück. Ich musste Kopf und Augen schützen und wollte mich von dieser fremden Person nicht an einer solch verwundbaren Stelle berühren lassen.

Mit einiger Mühe gelang es dem Menschen schließlich – ganz langsam und vorsichtig – das Ding an mir zu befestigen und wir ritten eine Ehrenrunde, während die Zuschauer applaudierten. Natürlich wurde mein Kopf wieder nach unten gezogen und ich konnte nichts sehen. Mein Körper schrie vor Schmerzen und ich hoffte nur, dass diese Tortur bald ein Ende haben möge. Tatsächlich dauerte es auch nicht lange und wir ritten wieder zum Hänger, wo ich erneut angebunden und abgesattelt wurde.

„Glückwunsch zur besten Wertung!", sagte jemand zu dem Gestiefelten und schüttelte seine Hand.

„Besten Dank. Das war auch ein Stück harte Arbeit, sag ich Dir!", antwortete er und strahlte. Er wirkte nun recht entspannt und fröhlich, während ich mit schmerzenden Muskeln am Hänger angebunden stand und wieder von den Menschen um mich herum bewundert wurde. All das war mir egal. Ich wollte nur meine Ruhe haben. Ich wollte keine Schmerzen mehr. Keinen Stress und keine Angst.

Irgendwann verteilten die Menschen sich wieder und ich kam etwas zur Ruhe. Tief atmend stand ich da und mir fielen fast die Augen zu, als sich mir von der Seite ein Langfellmensch näherte und mich am Hals berührte, mich streichelte und mich schließlich umarmte und festhielt.

„Meine kleine Honey, ich bin so stolz auf Dich." Der Langfellmensch küsste meinen Hals und ich spürte Tränen an meinem Fell herunterlaufen. Ich spürte Gefühle, die ich fast vergessen hatte. Ich spürte Liebe, Zuneigung, Freude, Trauer und Mitgefühl. Der Mensch vergrub seinen Kopf in meinem Fell und schluchzte zitternd an meiner Seite, hielt mich fest umarmt und streichelte mich.

Ich legte meinen Kopf auf die Menschenschulter und ließ mich fallen, genoss dieses wunderbare liebevolle Gefühl in mir und alles andere um mich herum wurde völlig unwichtig. Es gab nur diesen Menschen und mich. Während ich den Geruch einsog, den das Wesen an meiner Seite ausstrahlte, kamen Erinnerungen in mir hoch. An grüne Weiden. Sonnige Tage meiner Kindheit. Spielen mit meinen Freunden. Freiheit. Unbeschwertheit. Glück.

„Kommst Du, Louise?", hörte ich eine Stimme hinter mir. Der Mensch löste seine Arme um meinen Hals und schaute mich an. Wir sahen uns in die Augen. In Louises Augen schwammen noch immer Tränen und ich spürte die tiefe Liebe, die von ihrem Blick ausging.

Sie streichelte meinen Hals und küsste mein Gesicht.
„Alles Gute, meine Süße. Sei brav und lass es Dir gut gehen."
Noch einmal streichelte sie mir über die Stirn, drehte sich um und ging zu Marc, der ungeduldig auf sie wartete. Ich blickte ihr nach, bis ich sie nicht mehr sehen konnte. Louise. Ich erinnerte mich an sie. Natürlich tat ich das – wie konnte ich sie jemals vergessen? Ein weiteres Mal war sie aus meinem Leben verschwunden und ließ mich allein zurück.

„Man ist einander nie so nahe wie im Augenblick der Trennung."
(August Strindberg)

✮✮✮✮✮✮✮✮✮✮✮✮✮✮

Sobald der Mensch im Pferdesport Ehrgeiz entwickelt, scheint es plötzlich egal zu sein, wie es dem Tier dabei geht. Wie oft kann man auf Abreiteplätzen von Turnieren sehen, wie Pferde regelrecht drangsaliert und in irgendwelche zu bevorzugende Kopfhaltungen gezwungen werden? Und ich rede hier eindeutig *NICHT* nur von Dressurreitern! Ganz ehrlich sind meiner Meinung nach sogar die Westernreiter meist schlimmer – und ja, ich bin selbst Westernreiterin. Wenn ich mir jedoch die Fotos von Turnieren anschaue, die manches Hochglanz-Westernmagazin schmücken, frage ich mich, wie man allen Ernstes Fotos, auf denen man an den Augen der Pferde überdeutlich ihr Leid erkennen kann, auf einem Cover abbilden kann! Aber wir achten nicht auf die Augen der Pferde. Wir achten darauf, dass der Sliding Stop perfekt oder der Spin möglichst spektakulär aussieht. Und wir scheuen uns nicht, Zügel und Sporen zu diesem Zweck am Pferd einzusetzen, bis der „faule, blöde Gaul endlich mal seinen Arsch in Bewegung setzt". Von den Praktiken, einem Pferd das Stoppen beizubringen, indem man im vollen Galopp auf die Bande zurennt und in letzter Sekunde „Whoa" schreit und am Zügel reißt, will ich gar nicht sprechen. Und ja, auch Westernreiter zwingen ihre Pferde in die Hyperflexion – nichts anderes als die Rollkur. Durch die scharfen Gebisse mit Shanks ist dies noch viel verwerflicher.
All das schmerzt mich regelrecht körperlich und ich kann mir diese Bilder nicht ansehen, ohne einzuschreiten. Darum halte ich mich von Turnierplätzen weitestgehend fern.
Dem Pferd liegt nichts an Turniererfolgen. Ihm ist es egal, wie viele Schleifen im Stall hängen oder wie viele Pokale der Reiter mit nach Hause bringt. Aber was ist nun *Erfolg* für das Pferd? Für Pferde bedeutet Erfolg, wenn sie durch eigene Leistung etwas erreichen, das

sie gerne möchten. Z. B. ein Tor zu öffnen, um an das Gras auf der anderen Seite zu kommen oder im negativen Sinne, wenn sie es schaffen, den lästigen Reiter auf dem Rücken durch Bocken loszuwerden. Unser Ziel muss sein, dass das Pferd und wir die gleichen Absichten verfolgen, soweit das möglich ist. Das bedeutet nichts anderes, als dass ich *MIT* dem Pferd reite und nicht *GEGEN* es. Beobachten Sie doch einmal wirklich ein Pferd-Reiter-Paar, ohne auf die gerittenen Lektionen oder die Gänge des Pferdes zu achten. Wie oft hat man den Eindruck, dass beide eher gegeneinander kämpfen, als miteinander zu „tanzen"?

Reiten sollte vor allem Spaß, Freude, Losgelassenheit und harmonisches Miteinander sein. Reiten hat viel mehr mit Gefühl als mit Technik und Leistungsdruck zu tun. Wenn Erfolge im Mittelpunkt stehen, dann geht die Leichtigkeit verloren.

Stellen Sie sich vor, Ihr Pferd ist ein Tanzpartner und sie beide tanzen über den Reitplatz – in völliger Harmonie und ohne reden zu müssen. Leichte Gewichtsverlagerung und minimale Zügelführung zeigen dem Partner Pferd, wohin es gehen soll. Es spürt ihre Absicht, bevor Sie es darum bitten. Niemand von beiden kann mit Gewissheit sagen, wo der eigene Körper aufhört und wo der des anderen anfängt. Ist diese Vorstellung nicht wunderbar?

Unser Ziel beim Reiten sollte ein Zustand sein, der von Zufriedenheit, Einheit und einer starken Verbundenheit geprägt ist. Dann kann man gemeinsame Wege erkunden und gehen, an die man vorher nicht wagte zu denken.

Und nun stellen Sie sich vor, sie würden Ihre Tanzpartnerin grob am Arm ziehen, schubsen, mit den Füßen treten und beschimpfen. Glauben Sie, diese Tänzerin würde, sofern sie die Wahl hat, sich noch einmal von Ihnen zum Tanz auffordern lassen?

„Und immer sind es neue Leiden,
Die dieses Dasein uns gebiert,
Wenn wir uns endlich, endlich weiden
Am Glück, das flücht'ge Stunden ziert.

Nur Blumen, die am Weg verderben,
Da wir auf nächt'gen Lebenspfad,
Sind unsre Freuden, und sie sterben
Bevor ein Morgen noch genaht."
(Emil Claar)

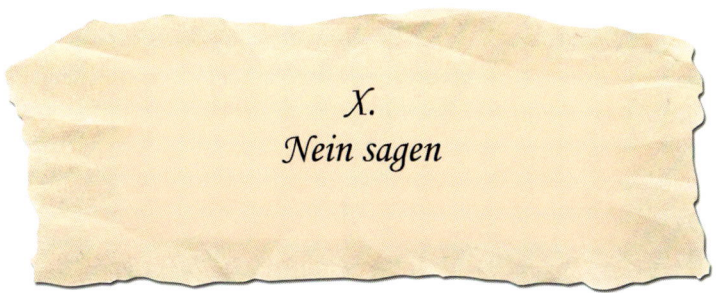

X.
Nein sagen

Ich hätte mir gewünscht, dass die Fahrt und das Turniererlebnis dieses Tages eine einmalige Angelegenheit gewesen wären, aber leider war dem nicht so. Fast jedes Wochenende fuhren wir nun irgendwohin. Mit dem Verladen begann die Horror-Geschichte. Es wurde nicht wirklich einfacher. Jedes Mal musste man mich schier auf den Anhänger prügeln, egal, ob auf dem Hin- oder dem Rückweg. Vor Ort war ich dann so überwältigt von der Reizüberflutung, dass ich einfach funktionierte und hoffte, dass es bald vorbei sein möge. Jedes Mal wurde zum Schluss eine Schleife an meinem Kopf befestigt, was ich mittlerweile hinnahm. Es tat ja nicht weh – im Gegensatz zu vielen anderen Dingen, denen ich mich unterwerfen musste.

Ein Lichtblick in meinem Leben war die Weidesaison, die wieder angefangen hatte. Den halben Tag durfte ich mit meinen Pferdefreunden draußen verbringen und genoss diese unbeschwerte Zeit meines Lebens in vollen Zügen. Warum konnte es nicht immer so sein? Was konnte ich bloß tun, um einfach auf der Wiese bleiben zu können?

An einem dieser Weidetage kam Betty, um mich in den Stall zu bringen. Jedes Mal, wenn ich sie mit dem Halfter auf mich zukommen sah, kamen die Bilder in mir hoch: geritten werden; verladen werden; machtlos den Mensch-Dingern ausgeliefert sein.

Auch an diesem Tag war es so. Ich wandte mich von ihr ab und gab Gas, als sie mich einfangen wollte. Sie lief mir nach, hatte aber keine Chance, an mich heranzukommen. Ich war viel schneller als sie, versteckte mich hinter den anderen Pferden und nutzte diese als Barriere oder lief einfach wie der Wind über die Weide. Sie fluchte und rannte mir nach, aber sie konnte nichts tun.

Herrlich! Warum war ich nicht schon viel früher auf diese Idee gekommen? Glücklich zog ich meine Bahnen über die Weide, knabberte ein bisschen Gras hier und da und ließ Betty nicht aus den Augen. Sobald sie näher als eine Pferdelänge an mich herankam, verschwand ich.

Schließlich gab sie auf und brachte gemeinsam mit Lydia die anderen vier Pferde fort. Unsere Herde war ein wenig gewachsen und ich fühlte mich sehr wohl bei den anderen. Nun, da sie alle fort waren und ich allein auf der Koppel blieb, wo keine anderen Pferde in Sichtweite waren, wurde mir etwas mulmig und ich lief zum Tor. Sobald Betty und Lydia jedoch auftauchten, rannte ich wieder weg. Besser hier draußen alleine stehen als drinnen gequält und gedemütigt zu werden. Nein, sie würden mich nicht kriegen! Auch von dem Futtereimer, den die beiden nach einer Weile mitbrachten, ließ ich mich nicht beeindrucken. Hier draußen war genügend Gras, ich brauchte die Körner nicht.

Es war schon fast dunkel, als die beiden Verstärkung bekamen und mit einer kleinen Gruppe anderer Mensch-Dinger meine Wiese betraten. Ich wurde umzingelt und in eine Ecke gedrängt. Schließlich gelang es einem der Jäger, den Strick an meinem Halfter zu befestigen und mich mitzunehmen. Ich folgte den Menschen in den Stall. Es war schon zu spät, um noch zu arbeiten, darum durfte ich den Rest des Tages in meiner Box verbringen, ohne geritten zu werden. Ich freute mich über meinen Erfolg.

Am nächsten Tag dachte ich erneut nicht im Traum daran, mich einfangen zu lassen. Wieder wurden meine Freunde von der Weide fort geführt und ich blieb allein zurück. Wieder brauchte es ein halbes Dutzend Mensch-Dinger, um mich einzufangen.

Am Tag darauf erneut – allerdings fand ich mich nun nicht mehr damit ab, in eine Ecke gedrängt und letztendlich doch besiegt zu werden: Ich wandte den Menschen meinen Hintern zu und trat nach ihnen, wenn sie versuchten, an mich heranzukommen. Das beeindruckte sie anscheinend; ich entkam aus der Ecke und rannte wieder frei über die Wiese.

Irgendwann war es stockdunkel und die Mensch-Dinger gaben auf. Ich verbrachte die Nacht alleine auf der Wiese. Zwar war mir nicht ganz geheuer, aber alles war besser, als sich der Tortur im Stall zu unterziehen. Ich schlief in dieser Nacht nicht und lauschte auf die Geräusche um mich herum – fast so wie früher, als ich mit meiner Familienherde jede Nacht unter freiem Himmel verbringen durfte.

Am nächsten Morgen kamen Betty und Lydia mit Sky am Strick, um ihn zu mir auf die Weide zu lassen. Freudig rannte ich den Dreien entgegen. Betty öffnete das Tor, Lydia kam mit Sky herein und ich beschnupperte ihn aufgeregt und … zack … hatte Betty mich am Strick. Während Sky nun auf die Wiese durfte, wurde ich in den Stall geführt, wo der Gestiefelte schon auf uns wartete.
„Die Sache ist ganz einfach", sagte er, während die Mädchen mich in der Stallgasse anbanden und Betty begann, mich zu striegeln. „Wenn Madame Honey glaubt, sie kann uns verarschen und auf der Weide vor uns wegrennen, dann kommt sie halt nicht mehr raus. Für sie ist

die Weidesaison ab sofort beendet. Ich lasse mir doch von einem Pferd nicht auf der Nase herumtanzen!" Ich war aufgrund des Schlafmangels müde unterm Sattel, aber der Gestiefelte verlangte trotzdem Höchstleistung von mir und später in der Box schlief ich fast augenblicklich ein.

Am nächsten Morgen blickte ich aus meinem Fenster und sah, wie meine Freunde zur Weide geführt wurden. Ich wieherte ihnen begrüßend zu und wartete, dass Betty oder Lydia mich ebenfalls abholen würden. Aber niemand kam. Immer wieder lief ich zum Fenster, wieherte und lief zurück zur Boxentür, aber sie blieb geschlossen – bis zum Nachmittag, als ich zum Reiten abgeholt wurde.
So blieb es. Ich durfte nicht mehr mit den anderen auf die Weide. Mein Leben wurde noch leerer und trauriger. Den ganzen Tag vegetierte ich in meinem Stall vor mich hin, bis ich zum Reiten abgeholt wurde. Die Schmerzen in meinem Rücken und im Hals wurden stärker, weil mir die freie Bewegung auf der Weide fehlte. Ich durfte mich nur noch kontrolliert unter dem Reiter bewegen. Ansonsten war ich zum Stehen verdammt.

Als die Schmerzen so schlimm wurden, dass ich bei dem Gedanken an den Reiter auf meinem Rücken Schweißausbrüche bekam, wusste ich, dass ich etwas tun musste. Als Betty also in meine Box kam und mich aufhalftern wollte, senkte ich den Kopf nicht, sondern riss ihn hoch. Sie stellte sich auf die Zehenspitzen und versuchte, an mich heranzukommen, doch sie hatte keine Chance. Zornig packte sie mich am Ohr und riss daran woraufhin ich mit dem Kopf schlug und zubiss – und ihre Hand erwischte. Sie schrie auf und taumelte zurück. Ich hatte geschafft, was ich wollte: Sie ließ von mir ab und ging. Leider kam kurze Zeit später der Gestiefelte, ebenfalls mit dem

Halfter in der Hand und Lydia und Betty mit verbundener Hand im Gefolge. Er betrat meine Box und wollte mich aufhalftern. Ich biss sofort nach ihm. Er holte eine Gerte hinter seinem Rücken hervor und schlug sie mir ins Gesicht. Dann auf den Hals. Auf den Rücken. Wieder auf den Hals. Wieder ins Gesicht. Ich war außer mir vor Angst und wie gelähmt. Schließlich ließ ich mich aufhalftern.

„Habt Ihr gesehen, wie man das macht, Mädels?", sagte der Gestiefelte über seine Schulter an Betty und Lydia gewandt. „Lasst Euch das nicht gefallen! *WIR* bestimmen, was hier passiert und nicht das Pferd. Damit das ein für alle Mal klar ist!"

Am nächsten Tag kam Lydia, um mich abzuholen. Sobald sie die Boxentür öffnete, drehte ich ihr meinen Hintern zu, schlug mit dem Schweif und drohte mit dem Hinterbein. Sie fluchte und schloss die Tür wieder. Ich freute mich! Langsam begriff ich, wie ich mich zur Wehr setzen konnte.

Nach kurzer Zeit kam sie mit dem Gestiefelten zurück und die Boxentür wurde erneut geöffnet. Schnell wandte ich den Menschen wieder meine Kehrseite zu.

„Dieses kleine Miststück", zischte der Gestiefelte durch zusammengepresste Zähne. „Wenn sie nicht ein so unglaublich talentiertes Dressurpferd wäre und so erfolgreich auf Turnieren abräumen würde, hätte ich sie schon dreimal in die Wurst gegeben." Mit diesen Worten knallte er die Gerte auf meinen Hintern. Ich erschrak und trat mit voller Wucht aus. Erneut schlug er mich und ich trat weiter. Diesmal würde ich nicht aufgeben! Niemand würde mich kleinkriegen! Ich keilte aus und dachte nicht daran, mich umzudrehen. Die Schläge prasselten auf mich ein und ich wehrte mich mit meinen Hufen.

„So ein verdammter, blöder Drecksgaul!", schrie der Gestiefelte außer Atem. „Hilft nichts! Ich kann sie nicht blutig schlagen, schließlich fahren wir übermorgen wieder zum Turnier. Wir machen das ganz einfach: Sie bekommt kein Futter mehr. Auf jeden Fall bis morgen Abend. Wenn sie total ausgehungert ist, wird sie sich schon zur Tür bequemen, wenn ihr mit dem Eimer kommt."

Die Menschen schlossen die Tür und ließen mich allein. Zwar war ich froh darüber, aber mein Rücken und meine Kehrseite schmerzten von den Gertenschlägen. Der Preis, den ich zu zahlen hatte, war hoch gewesen, aber es hatte sich gelohnt.

Den Rest des Tages und den ganzen nächsten Tag kümmerte sich niemand um mich. Ich stand in meiner Box und suchte nach ein paar sauberen Strohhalmen, denn gefüttert wurde ich nicht. Kein Heu, keine Körner. Mein Bauch schmerzte und die Magensäure schoss ein, als die anderen Pferde um mich herum gefüttert wurden. Ich bekam nichts.

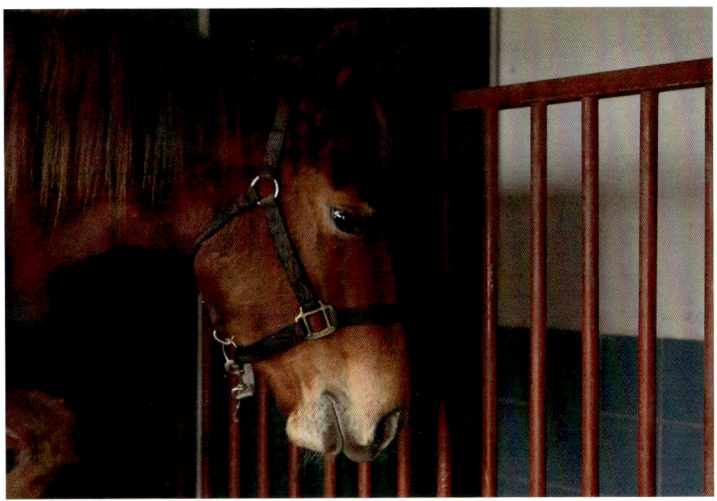

Nachmittags wurden meine Freunde von der Weide hereingeführt und ich wieherte halbherzig. Ich hatte Hunger, sehr großen Hunger. Als sich die Stalltür öffnete und Lydia mit dem Futtereimer erschien, drehte ich mich freudig zu ihr. Sie legte mir schnell das Halfter an und nahm den Eimer wieder weg.

Wieder wurde ich geritten. Longiert. Zum Turnier gefahren. Eingesperrt. Ein ewiger Kreislauf, aus dem ich so gern entkommen wäre. Wenn ich mich aber mit Beißen, Weglaufen oder Treten zur Wehr setzte, wurde ich dafür sofort hart und gnadenlos bestraft. Es schien keine Gerechtigkeit für mich zu geben – das musste ich nach einigen Wochen einsehen.

Ich konnte einfach nicht mehr. Ich war so müde, alles tat mir weh und ich ergab mich meinem Schicksal. Wenn ich mich wehrte, wurde alles nur noch schlimmer. Ich hatte meine Lage dadurch nicht verbessert. Im Gegenteil. Ich gab auf.

✮✮✮✮✮✮✮✮✮✮✮✮✮✮

„Problempferde" – was für ein „schönes" Wort. Das sind Pferde, die bocken; sich nicht verladen oder auf der Weide einfangen lassen; die Hufe nicht geben; beim Satteln „rumzicken"; durchgehen; mit dem Menschen nicht den Hof verlassen wollen; beim Reiten mit dem Kopf schlagen; Angst vor den unmöglichsten Gegenständen haben – diese Liste könnte ich jetzt noch endlos fortsetzen.

Dämmert es Ihnen jetzt, lieber Leser? Spätestens jetzt müsste eigentlich klar geworden sein, dass alle, aber auch wirklich *ALLE* Probleme, die ein Pferd entwickelt, durch den Menschen entstehen. Es sei denn, das Pferd hat einen Gehirntumor oder neuronale Erkrankungen – das sind wahrscheinlich die einzigen Ausnahmen.

Das Pferd ist zu jeder Zeit ein Spiegel seines Menschen. Probleme, die wir mit unserem Pferd haben, haben ihren Ursprung in uns selbst und unseren unbearbeiteten Konflikten.

Es wird Zeit, dass wir uns an die eigene Nase fassen und uns bewusst machen, was wir unseren Pferden tagtäglich antun. Ihr Pferd springt tausendmal am Tag für Sie über seinen Schatten, denn so gut wie alles, was wir mit ihm anstellen, ist gegen seine Natur! Das fängt an beim Anbinden oder am Strick festhalten. Das Pferd ist ein Flucht- und Beutetier und jederzeit mit seiner Aufmerksamkeit in die Außenwelt gerichtet, damit es fliehen kann, sobald etwas Beängstigendes in seinen Dunstkreis gelangt. Wir verhindern das durch anbinden oder festhalten. Gleiches gilt für das Hufegeben: Wenn das Pferd nicht alle vier Beine auf dem Boden hat, ist es nicht fluchtbereit. Nur Pferde, die wirklich Vertrauen haben, gestatten uns, ihre Beine anzuheben und festzuhalten. Tun sie das nicht, nutzt es wenig, sie anzubrüllen und zu verprügeln, denn das Vertrauen wird dadurch nicht wachsen.

Es geht im Umgang mit Pferden in erster Linie um Achtsamkeit. Wir sollten uns klarmachen, dass auch scheinbar alltägliche Dinge für ein Pferd eine Herausforderung sein können.

Ebenfalls völlig gegen die Natur des Pferdes ist es, etwas im Nacken sitzen zu haben, was sich dort festkrallt – das kann nur ein Raubtier sein. Und wir? Wir satteln das Pferd und reiten es – und sitzen noch dazu in der blinden Zone, denn ein Pferd sieht immer nur kleine Teile des Reiters. Fehlt nun das Vertrauen, ist dieses Reiten eine Tortur für das Pferd.

Wir sollten uns alle viel häufiger bewusst machen, wie wenig selbstverständlich es eigentlich ist, das Fluchttier Pferd reiten zu dürfen.

Genauso völlig unverständlich für das Pferd ist es, sich in ewigen Kreisbahnen fortbewegen zu müssen – z. B. beim Longieren, beim Reiten in der Halle oder auf dem Reitplatz. Pferde bewegen sich in der freien Natur, um Ziele wie Wasser oder Futter zu erreichen. Niemals würden sie sich freiwillig im Kreis drehen. Das wäre pure Energieverschwendung.

Auch diese Liste kann man unendlich fortsetzen! Was ich damit sagen möchte, ist: Wir tun täglich etliche Dinge, die für das Pferd unverständlich bis unzumutbar sind – und trotzdem lässt sich das Pferd auf uns ein und entspricht unseren Wünschen. Ist kooperativ, lässt sich führen, anbinden, reiten, longieren, obwohl es in all diesen Aktionen keinen Sinn sieht. Und wenn es sich wehrt und Einspruch gegen das erhebt, was mit ihm geschieht, ist es sehr schnell als „Problempferd" abgestempelt.

Ich mag „Problempferde", denn sie machen den Mund auf und wehren sich gegen Ungerechtigkeit, die ihnen widerfährt. Leider fällt dem Menschen oft nichts Besseres ein, als das Pferd für dieses völlig natürliche Pferdeverhalten zu bestrafen und zu drangsalieren.
Ich habe größtes Verständnis für diese Wesen und empfinde es als meine Mission, den Menschen die Augen dafür zu öffnen, ihr Pferd gerecht und liebevoll zu behandeln und sich vor allem zu informieren und zu bilden. Viele Probleme basieren auf der Unwissenheit des Menschen. Es geht darum, sein Pferd wie ein Pferd zu behandeln und nicht wie ein Meerschweinchen oder einen anderen Menschen. Gott sei Dank gibt es mittlerweile viele wunderbare Pferdetrainer, die den Menschen ihr Wissen vermitteln und ihren Horizont erweitern.
An dieser Stelle möchte ich Fredy Knie zitieren, den Gründer des großen „Zirkus Knie":

> *„Die Freude an der Arbeit ist der Ersatz,*
> *den wir dem Tier geben müssen für die*
> *verloren gegangene Freiheit."*

„Liebe heilt fast jede Depression,
nur werden Depressive selten geliebt."
(Gerhard Uhlenbruck)

XI.
Aufgeben

An die folgenden Wochen und Monate erinnere ich mich nur noch verschwommen. Wie in einem ewigen Dämmerschlaf zog mein Leben an mir vorbei. Ich zog mich völlig in mich zurück und schützte somit meine Seele vor der Zerstörung durch die Mensch-Dinger. Ich versuchte alles auszublenden, was um mich herum geschah und funktionierte wie ein Roboter. Ließ mich reiten, verladen, wieder und wieder auf Turnieren vorstellen.

In meinem Stall stand nur noch meine leere Hülle. Wenn mich jemand ansprach, reagierte ich nicht. Zur Fütterungszeit, wenn die anderen im Stall unruhig wurden, dämmerte ich weiter vor mich hin, als wäre ich in einem anderen Universum. Es war so, als würde ich gar nicht mehr in meinem Körper wohnen; in meinem schmerzenden, geschundenen Körper, der zur Ehrgeizbefriedigung des Menschen gebraucht wurde.

Sogar Lydia und Betty konnten mich jetzt gefahrlos reiten. Der Gestiefelte war sehr glücklich über meine ‚plötzliche Kooperationsbereitschaft'.
„Ich bin so froh, dass dieses Pferd endlich zur Vernunft gekommen ist", sagte er gern, während andere Menschen ihm zuhörten. „Die Flegeljahre waren bei ihr wirklich ausgeprägt. Aber wir haben anscheinend alles richtig gemacht, denn jetzt ist sie ein wirklich

braves Pferd." Bei diesen Worten klopfte er mich oft lieblos auf den Hals, was ich genauso ignorierte wie seine harte Zügelhand oder seine stechenden Sporen.

„Darf Honey jetzt eigentlich wieder auf die Weide?", fragte Lydia eines Tages.

„Nein, bloß nicht!", antwortete der Gestiefelte. „Sie ist im Moment so gut drauf und wir möchten nicht, dass sich das durch irgendetwas wieder verändert. Nein, alles ist gut, so wie es ist. Das zeigt sie uns ja auch durch ihr Verhalten. Sie ist jetzt ein zufriedenes Pferd, das sich nicht mehr widersetzt. Wir haben unser Ziel erreicht und sie hat ihren Platz im Leben gefunden."

Oft ritt man mich gemeinsam mit dem dunklen Apfelschimmel in der Halle und manchmal wurden wir zusammen zum Turnier gefahren. Ich erinnerte mich, als ich ihn das erste Mal gesehen hatte und so verstört gewesen war, weil ich ihn nicht spüren konnte und er wie eine leere Hülle gewirkt hatte. Nun, jetzt wusste ich, wie es ihm ging und was er empfand. Ihm ging es genau wie mir jetzt. Wir waren Gespenster.

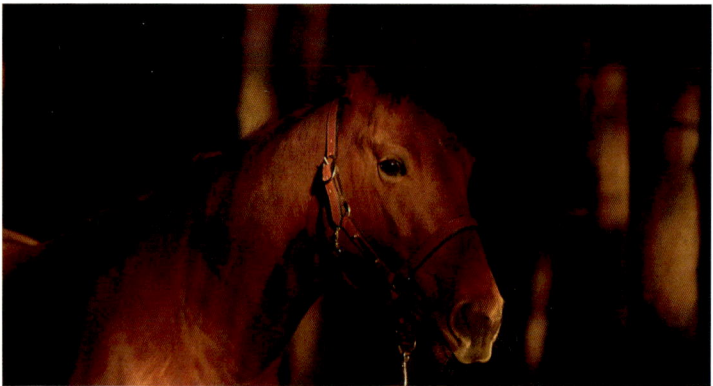

Die Jahreszeiten wechselten, doch ich bekam davon fast nichts mit, war ich doch ständig in meiner Box eingesperrt und durfte nicht mehr an dem Leben auf der Weide teilnehmen. Ob es Winter oder Sommer war – es interessierte mich nicht und ehrlich gesagt hätte ich es auch gar nicht gewusst, wenn mich jemand gefragt hätte. Ich lebte in meiner eigenen Welt und nahm nicht mehr wirklich wahr, was um mich herum geschah.

Irgendwann wurden die Schmerzen in meinem Rücken so schlimm, dass ich kaum noch laufen konnte. Der Gestiefelte holte einen Tierarzt, der mich untersuchte.

„Ich kann nichts feststellen", sagte dieser, nachdem er alle möglichen Geräte an meinen Körper gehalten und meine Beine untersucht hatte. „Sie ist kerngesund!" Der Gestiefelte runzelte die Stirn.

„Sie ist mein bestes Pferd. Ich muss in ein paar Tagen wieder zu einem Wettkampf – da darf sie auf keinen Fall lahmen. Können Sie ihr was Entzündungshemmendes spritzen, damit sie keine Schmerzen mehr hat?"

Natürlich konnte der Tierarzt das und ein paar Tage lang waren meine Schmerzen wirklich betäubt. Als das Mittel abgesetzt wurde, begann ich wieder zu lahmen. Kurz vor jedem Turnier kam ich deshalb in den Genuss des Schmerzkillers. Ließ seine Wirkung nach, waren meine Schmerzen schlimmer als zuvor und ich lahmte erbarmungswürdig. Darum bekam ich eine Trainingspause und durfte einige Wochen ausschließlich in meinem Stall verbringen; durch einige Spaziergänge in der Halle unterbrochen. Mir war alles egal. Es machte für mich keinen Unterschied mehr, was mit mir geschah. Ich hatte gelernt, mich nach außen abzuschotten und geschehen zu lassen, was passierte. Meine Augen sahen die Welt nicht mehr wirklich. Sie blickten nach innen, waren leer und glanzlos, ohne Leben. Nichts hatte mehr einen Sinn für mich. Ich hätte genauso gut tot sein können.

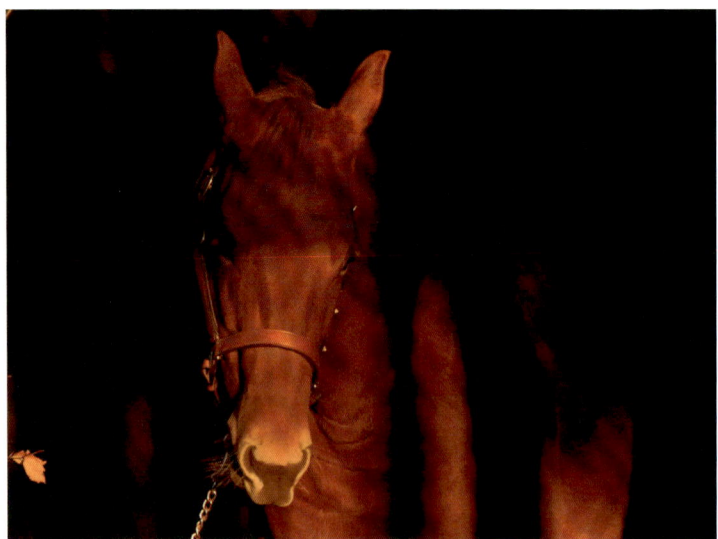

✰✰✰✰✰✰✰✰✰✰✰✰✰✰✰

Erlernte Hilflosigkeit – ein Phänomen, unter dem weltweit nicht wenige Pferde leiden. Man erkennt es daran, dass die Pferde ihre Umwelt nicht mehr wahrnehmen und völlig teilnahmslos wirken. Wenn man ihnen in die Augen blickt, sieht man kein Leben mehr darin, sondern nur noch Leere. Nur noch das Spiegelbild des Menschen, der dem Pferd das angetan hat.

Die Augen eines Pferde verraten uns viel über seinen seelischen Zustand. Viel mehr Menschen sollten lernen hinzusehen und vor allem zu handeln, wenn sie erkennen, dass ein Pferd gezwungen ist psychisches Leid zu ertragen.

Pferde, die unter „Erlernter Hilflosigkeit" leiden haben sich völlig aufgegeben, weil sie mit der Welt um sie herum nicht klarkommen. Weil sie gelernt haben, dass es nicht hilft, sich zu wehren. Aus Selbstschutz ziehen sie sich nun völlig in sich zurück.

Es gibt dieses Phänomen auch bei Menschen – vor allem bei missbrauchten, traumatisierten Kindern. Pferde und auch Menschen aus diesem schwarzen Loch wieder herauszuholen, braucht sehr viel Zeit und Geduld und oftmals ist es gar nicht mehr möglich.

Ähnlich wie bei uns Menschen kann die erkrankte Seele eines Pferdes nur durch Zuneigung, Verständnis und viel Einfühlungsvermögen für die Bedürfnisse langsam geheilt werden.

Die Menschen empfinden solche Pferde oft als angenehm, weil sie nicht widerspenstig sind und alles geschehen lassen, was mit ihnen passiert, ohne es zu hinterfragen. Oft werden solche armen Wesen als „superbrav" und „kooperativ" empfunden. Ich möchte damit um Gottes Willen nicht sagen, dass jedes brave, kooperative Pferd an „Erlernter Hilflosigkeit" leidet – ganz und gar nicht. Aber man sieht den Unterschied. Dafür braucht man den Pferden nur in die Augen zu sehen.

*Die Seele des Pferdes zeigt sich nur denjenigen,
die sie suchen.*

„Im Leben ist es wie in den schweren Träumen: man muss seine
Schrecken angreifen, und nicht ihnen entfliehn;
entweder weichen sie dann oder
wir erwachen an ihnen gestärkt."
(Emil Gött)

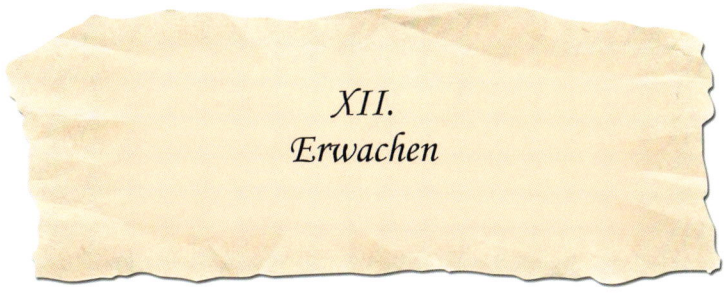

XII.
Erwachen

In meiner Trainingspause ließen meine Rückenschmerzen etwas nach und ich wurde wieder zu Turnieren eingesetzt, bis es nicht mehr ging. Dann folgte wieder eine Pause ... ich bekam Schmerzmittel ... wurde wieder geritten. So ging es weiter und weiter. Ich vegetierte vor mich hin und war nichts als ein Instrument in der Hand des Menschen. Ich ließ geschehen, was geschah. Meine leere Hülle wandelte von der Box in die Stallgasse, von dort in die Reithalle und zurück.

All meine Tage und Nächte hatten die gleiche Farbe. Sie waren grau. Es gab nicht mehr das Blau des Himmels oder das grüne Gras, nicht mehr die Fellfarben meiner anderen Freunde, die in der Sonne glänzten. Keine weißen Wolken. Nur grau, in meinem Kopf und um mich herum.

Nicht anders fühlte ich mich an jenem Tag, als ich wieder in den Anhänger gebracht und zum Turnier gefahren wurde. Im Parcours meine Runden drehte, bejubelt wurde und der Gestiefelte mir voller Enthusiasmus auf den Hals schlug, als wir den Platz verließen. Nichts von alldem nahm ich wirklich wahr. Es war mir egal – das war meine Überlebensstrategie geworden. Nur so konnte ich weiter existieren.

Es geschah, als ich mit dem Gestiefelten auf meinem Rücken erneut auf dem Weg in den Parcours war, um meine Siegerschleife abzuholen. In dem Moment, als wir am Eingang unter dem Lautsprecher hindurchritten, kam ein unglaublich ohrenbetäubender, schriller Pfeifton aus dem Kasten über meinem Kopf, gefolgt von ebenso lautem Knattern und einem erneuten Pfeifton. Mein Herz blieb fast stehen und ich rannte voller Panik los, schlug einen Haken und machte einen Bocksprung; etwas rutschte seitlich an mir herunter; ich lief weiter und spürte plötzlich, dass ich kein Gewicht mehr auf dem Rücken trug. Ich hatte es geschafft, den Gestiefelten abzuwerfen! Ich konnte es! Unfassbar! Ich lief weiter, rannte frei mit wehenden Zügeln durch den Parcours, genoss es, mich zu strecken und mit Vollgas durch den Sand zu schießen. Ich war am Leben! Ich spürte wieder meine Hufe auf dem Erdboden, meine Lungen pumpten Sauerstoff durch meinen Körper, mein Herz schlug bis zum Hals und ich rannte … rannte ins Leben zurück.

Jemand kam, um mich einzufangen, und ich schlug mit den Vorderbeinen nach ihm und lief weiter. Wollte jemand an mich heran, drehte ich mich und trat. Der Gestiefelte saß am Rande des Parcours umringt von anderen Menschen auf dem Boden und rührte sich nicht.

Als ich irgendwann nicht mehr laufen konnte, wurde ich langsamer und bewegte mich schnaubend auf den Ausgang des Parcours zu, wo am Rand frisches Gras wuchs. Dort sammelten mich Betty und Lydia schließlich auf und führten mich zum Anhänger zurück, wo sie mich absattelten und mir eine Decke auflegten.

Der Gestiefelte kam nach kurzer Zeit angehumpelt und bat die beiden, mich in den Anhänger zu verladen. Wir fuhren nach Hause und ich wurde in meine Box gebracht.

Während am nächsten Morgen meine Freunde vor meinem Fenster auf die Weide geführt wurden, wieherte ich ihnen zu und trat gegen meine Boxentür. Ich wollte auch auf die Weide! Immer fester und härter trat ich gegen die Holztür, bis irgendwann jemand angelaufen kam, mich anbrüllte und beschimpfte – doch ich trat weiter und weiter gegen die Tür. Der Mensch verschwand und kam kurz danach mit Betty wieder.

„Was machen wir bloß? Die hört gar nicht mehr auf damit!", sagte der Kurzfellmensch zu dem Mädchen.

„Weißt Du was? Wir stellen sie auf die Weide. Sie wird ja in den nächsten Tagen eh nicht geritten. Franz hat sich krankgemeldet nach dem Sturz und kommt frühestens nächste Woche wieder." Betty zog mir mein Halfter an und führte mich zu meiner großen Freude auf die Weide. Ich lief über das Gras und freute mich über mein Stückchen Freiheit. Endlich empfand ich wieder etwas. Ich war aufgewacht aus meinem Todesschlaf und genoss es, an der frischen Luft zu sein.

Für ein paar Tage herrschte Frieden in meinem Leben. Ich durfte tagsüber auf die Weide und wurde sonst in Ruhe gelassen. Irgendwann jedoch tauchte der Gestiefelte wieder auf. Ich wurde gesattelt in die Halle geführt und er ritt gerade ein anderes Pferd, von dem er nach kurzer Zeit abstieg und es an Lydia übergab, die mich in die Halle geführt hatte. Er übernahm meinen Zügel, führte mich eine halbe Runde und stieg dann auf meinen Rücken. Ich spannte jeden Muskel in meinem Körper an. Diese Zeiten waren vorbei! Ich würde das nicht mehr zulassen! Niemand würde mich retten! Keiner würde mir helfen! Ich musste auf mich selbst aufpassen! Mit diesen Gedanken rannte ich los; im gestreckten Galopp; ignorierte den Schmerz, den der Gestiefelte in meinem Maul verursachte, weil er an den Zügeln riss; rannte schnurstracks auf die Hallenwand zu; verlangsamte mein Tempo kein bisschen und schlug direkt vor der Wand einen Haken nach links. Der Gestiefelte flog über meinen Rücken und knallte mit voller Wucht gegen die Wand. Ich hatte es wieder geschafft! Ich hatte ihn abgeworfen. Voller Freude lief ich noch ein Stück durch die Halle und blieb dann stehen. Lydia ließ die Zügel des anderen Pferdes los und lief zu dem Gestiefelten hin, der am Boden lag und stöhnte. Bald schon kamen andere Menschen angelaufen und ich wurde von Lydia zusammen mit dem anderen Pferd aus der Halle geführt.

Wie wunderbar! Ich hatte einen Weg gefunden, dem Leid ein Ende zu bereiten und mich des Reiters zu entledigen. Das Grauen war vorbei! Ich würde es nie mehr erdulden, diesen furchtbaren Menschen auf meinem Rücken zu tragen.

Für eine Weile hatte ich wieder meine Ruhe. Ich genoss die Weidezeit und wurde nur gefüttert und von A nach B geführt. Meine Rückenschmerzen wurden wieder erträglicher und das Leben bekam langsam wieder einen Sinn.

Eines Morgens tauchte der Gestiefelte vor meinem Fenster auf, begleitet von einem anderen Kurzfellmenschen. Sein rechter Arm war mit einem Verband an seinem Oberkörper fixiert, sodass er nur den linken gebrauchen konnte.

„Das ist sie", sagte er zu dem anderen Menschen. „Dieses Biest hat mir die Schulter gebrochen. Sechs Wochen lang kann ich nicht arbeiten und das mitten in der Turniersaison!"

„Tja, das ist halt Berufsrisiko", meinte der andere Mensch schulterzuckend. „Dafür hat sie Dir aber schon einiges an Gewinnen nach Hause gebracht. Vielleicht solltest Du sie aus dem großen Sport rausnehmen. Du weißt doch: Man soll immer aufhören, wenn es am schönsten ist."

„Auf keinen Fall! Sie muss schon noch ein paar Jahre laufen. Dafür ist sie einfach zu gut!" Die beiden gingen weiter und ließen mich alleine. Ich war froh, als sie aus meinem Blickfeld verschwanden.

Nachdem der Gestiefelte wieder genesen war, versuchte er noch zweimal, mich zu reiten – und beide Male landete er nach wenigen

Sekunden auf dem Hallenboden. Ich war ihm endlich überlegen! Nun war *ICH* es, die *IHM* die Schmerzen zufügte. Ich würde nicht mehr zulassen, dass es anders herum war. Ich war fest entschlossen, mich bis aufs Blut zu wehren. Ich würde mich nicht mehr demütigen lassen.

„Wo Recht zu Unrecht wird, wird Widerstand zur Pflicht."
(Johann Wolfgang von Goethe)

✯✯✯✯✯✯✯✯✯✯✯✯✯✯

Pferde, die an sogenannter „Erlernter Hilflosigkeit" leiden, brauchen in einer Therapie mitunter sehr lange, um den Weg „zurück ins Leben" zu finden. Durch konsequentes, liebevolles Training und viel Zuneigung und absolute Gewaltlosigkeit erreicht man oft, dass diese Pferde wieder „lebendig" werden und „aufwachen".

Klare Regeln, Sanftheit und positive Aufmerksamkeit an der richtigen Stelle sorgen dafür, dass sich Pferde beim Menschen wohlfühlen. Ihre Entwicklungsschritte dann beobachten und begleiten zu dürfen, ist eine wunderbare Aufgabe.

In seltenen Fällen – wie bei unserer Honey – kann aber auch ein Schock bewirken, dass Pferde aus diesem Zustand erlöst werden und kurz- oder langfristig wieder zu ihrem alten „Ich" zurückfinden.

Für mich ist es absolut erstaunlich, was Pferde sich alles von uns Menschen gefallen lassen und wie oft sie uns immer und immer wieder eine Chance geben! Sie vergeben alles – aber sie vergessen nie! Für mich sind Pferde die erstaunlichsten Lebewesen auf dieser Erde. Häufig schmerzt es mich so sehr, wenn ich sehe, was Pferde sich alles gefallen lassen, dass es mich regelrecht freut, auf ein Exemplar zu treffen, das ganz klar „NEIN" sagt und sich gegen das wehrt, was mit ihm geschieht. Für den Menschen bedeutet das meistens, dass das Pferd nicht so „funktioniert", wie er das möchte und dass er sich ein „Problempferd" aufgebürdet hat. Das Pferd hat gefälligst keine eigene Meinung zu haben und darf sich auch zum Kuckuck nicht widersetzen, wie schmerzhaft oder demütigend auch das sein mag, was der Mensch von ihm verlangt. Oft denken wir doch überhaupt nicht mehr darüber nach, ob es für das Pferd zumutbar ist, was wir gerade tun. In frühen Jugendjahren wurde uns in der Reitschule doch schon vermittelt, dass es vollkommen in Ordnung ist, kräftig am Zügel zu ziehen und ordentlich mit der Gerte zuzuhauen. Da darf man sich nicht zieren, sonst macht der Gaul doch, was er will! Kleine Kinder lernen in Reitschulen heutzutage, dass es völlig normal ist, die Ponys mit den Beinen in die Rippen zu treten oder mit dem Stöckchen zu schlagen, wenn sie nicht laufen! Und sollten sie nicht dahin gehen, wo man hin möchte, nun ja, dann reißt man halt mal richtig am Zügel. Der Zosse hat es ja nicht anders verdient! Genau so und nicht anders sieht es leider in vielen Reitschulen aus. Auf „Horsemanship" wird hier leider wenig bis gar keinen Wert gelegt. Die Pferde müssen für ihren Lebensunterhalt Geld einbringen und für solchen Firlefanz ist da einfach keine Zeit. Wie sollen aber aus solchen jungen Reitern verantwortungsvolle Pferdemenschen werden?!

Es ist dringend notwendig, dass die *Deutsche Reiterliche Vereinigung* hier umdenkt und der Umgang mit dem Lebewesen Pferd in den Reitschulen einen höheren Stellenwert gewinnt! Es kann nicht sein, dass „qualifizierte", ausgebildete Reitlehrer in FNzertifizierten Reitställe den Kindern erzählen, dass es „gar nicht schlimm" ist, wenn ein Pony „Fünfmarkstück-große" Geschwüre auf dem Rücken hat, denn „das kommt ja nur vom Sattel"!!! Leider war ich persönlich Zeugin bei solchen und ähnlichen Aussagen, die Fachkräfte in anerkannten Ausbildungsställen getätigt haben. Das muss ein Ende haben! Die Ausbeutung der Tiere muss ein Ende haben! Menschen, die in Reitschulen das Reiten erlernen wollen, bitte ich, die Augen und Herzen zu öffnen und genau zu beobachten, wie es den Tieren geht. Dazu muss man kein Fachmann sein – man muss den Tieren nur in die Augen schauen. Ein Betrieb, in dem die Pferde ausgebeutet werden, ist einfach nicht unterstützungswürdig. Es gibt immer Alternativen. Aber bevor man solche Institutionen finanziell unterstützt, sollte man besser der Pferde zuliebe auf das Reitenlernen verzichten, so leid es mir tut!

Pferde haben ein Seelenleben – genau wie Menschen. Jeder, der mit Pferden umgehen möchte, sollte ihnen mit Respekt und Achtung vor ihrer Natur begegnen. Das haben sie verdient!

„Verschenkte Liebe kehrt zurück;
verschenkte Liebe bringt doppeltes Glück."
(Edith Tries)

XIII.
Das verschenkte Glück

Der Gestiefelte traute sich nicht mehr auf meinen Rücken. Ich hatte es geschafft! Auch die Versuche, Betty oder Lydia in meinen Sattel zu setzen, scheiterten kläglich. Schließlich gab man auf und ließ mich in Ruhe. Ich lebte einige Zeit einfach in den Tag hinein und mein Körper gesundete langsam. Auf der Weide konnte ich mich strecken, wälzen und laufen – das tat auch meiner geschundenen Seele gut und ließ mich aufblühen.

An einem kühlen Herbsttag wurde ich aus meinem Stall geholt, gestriegelt und nicht zur Weide, sondern zum Reitplatz gebracht, wo ein junger Langfell- und ein älterer Kurzfellmensch warteten, als Betty mich herausführte.
Der junge langfellige Mensch streichelte und bewunderte mich mit glänzenden Augen, während der ältere sich mit dem Gestiefelten unterhielt.
„Ich bin ganz sicher, dass Honey genau das richtige Pferd für Ihre Tochter ist", sagte der Gestiefelte. „Ich verkaufe sie auch nur, weil ich meinen Bestand verkleinere und ich ihr im Moment nicht mehr gerecht werden kann. Sie kennen Honey ja von den Turnieren der letzten Saison. Sie ist eine wirkliche Überfliegerin."
„Gewiss!", erwiderte der andere Mensch und strich sich nachdenklich über seinen Bart. „Dafür verlangen Sie aber auch einen stolzen Preis."

„Mit Recht", entgegnete der Gestiefelte lächelnd.

„Oh Papa, sie ist so schön! Sie ist genau das Pferd, das ich immer wollte! Bitte sag ja", strahlte das junge Mädchen und hakte sich an den Arm ihres Vaters.

„Willst Du sie denn nicht erst einmal reiten?", fragte der Vater. Das Mädchen schüttelte den Kopf.

„Das mach ich zu Hause in aller Ruhe", sagte sie. Tief seufzend zog der ältere Mann die Schultern nach oben.

„Nun ja, Du scheinst ja überzeugt zu sein. Was kann ich so viel jugendlichem Enthusiasmus noch entgegensetzen? Betrachten Sie das Pferd als gekauft!" Mit diesen Worten reichte er dem Gestiefelten die Hand und das Mädchen hüpfte aufgeregt von einem Bein aufs andere und quietschte, kam dann wieder zu mir gelaufen, streichelte mich aufgeregt und küsste mich auf die Nase.

„Darf ich sie in den Stall bringen?", fragte sie Betty.

„Sicher", antwortete diese. „Ich zeige Dir, wo es langgeht." Die beiden Mädchen führten mich wieder hinein, während die Männer in die andere Richtung gingen.

„Sophie", rief der bärtige Mann uns hinterher, „wir gehen ins Büro und regeln den Papierkram, kommst Du gleich dorthin?"

Zwei Tage später lud der Gestiefelte mich auf einen Anhänger und brachte mich fort – in mein neues Zuhause, wie ich bald feststellen sollte. Ich hatte fest damit gerechnet, zum Turnier gefahren zu werden, und war erstaunt, in einem anderen Reitstall zu landen, wo Sophie mich schon aufgeregt hüpfend und quietschend mit ihrem Vater im Gefolge empfing. Ihre Locken wippten auf ihren Schultern und sie gab ein äußerst erstaunliches Bild ab, aus dem ich nicht recht schlau wurde. Allerdings ging nicht der Hauch einer Bedrohung von ihr aus – sie war reine Freude und Güte.

Stolz nahm sie mich am Strick und führte mich ihren Reitstall-Freundinnen vor, die mein glänzendes Fell bewundernd anstarrten und fragten, ob sie mich streicheln durften.

„Frau Martin", rief Sophie einem Menschen hinterher, der eigentlich zu den Langfellmenschen zählte, seine Mähne aber raspelkurz trug. „Darf ich Honey zu den anderen auf die Weide stellen?"

„Sophie, Kindchen", antwortete die Dame kopfschüttelnd und kam näher. „Du wirst doch dieses prachtvolle Dressurpferd nicht auf einer Wiese herumlungern lassen, wo sie sich die Beine zertrümmern und sich Löcher in ihr seidiges Fell beißen lässt. Tu ihr das nicht an! Sie ist viel besser im Stall aufgehoben. Stell Dir vor, sie lahmt vor dem ersten Turnier, weil sie sich draußen vertreten hat oder ein anderes Pferd tritt sie oder beißt ihr in die Sattellage! Dann ist es vorbei mit dem Wettkampfsport. Nein, nein, stell sie in die Box, die wir für sie reserviert haben. Da kann sie nach draußen schauen und morgen reitest Du sie ja und dann kann sie sich bewegen."

Also wurde ich in eine Box gestellt. Diesmal musste ich nicht durch eine Stallgasse laufen, sondern die Behausung befand sich direkt draußen mit einem großen Fenster zum Hof, das es mir erlaubte, das Geschehen um mich herum zu beobachten. Hier war sehr viel los. Ständig liefen andere Menschen mit Pferden an mir vorbei – ich war überwältigt von der Anzahl der verschiedenen Persönlichkeiten, fraß mein Heu und blickte immer wieder hinaus.

In der Nacht schlief ich unruhig und lauschte auf die neuen, fremden Geräusche um mich herum. Sobald es hell wurde, kam jemand mit Körnerfutter und Heu vorbei und der Betrieb auf dem Hof nahm erneut seinen Lauf. Am Nachmittag tauchte Sophie freudig hüpfend vor meinem Fenster auf, halfterte mich und führte mich hinaus, wo sie mich im Freien anband und putzte. Oft streichelte sie mich dabei und sprach mit mir und ich fühlte mich recht wohl bei ihr – bis sie mir einen Sattel auflegte.

Ich legte die Ohren an, zog die Nase kraus, schlug mit dem Schweif und biss in den Anbindebalken vor mir.

„Aber Honey, das ist doch Dein Sattel!", beschwichtigte Sophie mich. „Darüber brauchst Du Dich doch nicht aufzuregen." Sie tätschelte meinen Hals und gurtete den Sattel fröhlich an – meinen Protest ignorierend. Gefolgt von einer Schar schnatternder Mädchen führte sie mich zum Dressurviereck und zog den Gurt noch fester an, was ich mit Ohrenanlegen und Schnappen quittierte.

„Ich glaube, das ist einfach eine dumme Angewohnheit von ihr", sagte Sophie entschuldigend an die anderen Mädchen gewandt. „Vielleicht kann ich es ihr ja abgewöhnen." Mit diesen Worten stellte sie ihren linken Fuß in meinen Steigbügel und ich erstarrte zur Salzsäule. Sobald ich das Gewicht an meiner linken Körperhälfte spürte, zogen Bilder vor meinem geistigen Auge hoch. Bilder von Demütigung, Schmerz und Grauen. Sophie schwang das rechte Bein über meinen Rücken und hatte kaum mit ihrem Hintern den Sattel berührt, als ich auch schon davonschoss und sie im hohen Bogen abwarf. Sie flog bei einem Bocksprung über meinen Hals und landete vor mir im Sand. Ich schlug einen Haken um sie herum und blieb dann stehen. Die anderen Mädchen kamen herbeigerannt und knieten sich neben die weinende Sophie, die mit Sand in ihren Locken auf dem Boden saß und schluchzte. Ich kam näher heran und beschnupperte vorsichtig Sophies Gesicht. Ich hatte ihr nicht wehtun wollen, aber es kam für mich nicht mehr in Frage, einen Menschen auf meinem Rücken zu tragen.

Eines der Mädchen sattelte mich schließlich ab und führte mich in meine Box, wo nach kurzer Zeit Sophie, ihr Vater und ein dritter Mensch mit kurzem Fell auftauchten.

„Das ist ja gar kein Problem", sagte dieser dritte Mensch an Sophies Vater gewandt. „Geben Sie mir die Stute mal für ein paar Wochen in

Beritt, dann dürfte das Problem erledigt sein." Auch dieser Mensch trug hohe schwarze Stiefel und roch ekelerregend nach kaltem Rauch. Ich wich zurück und zog die Nüstern kraus.

„Gut", erwiderte Sophies Vater. „Bitte fangen Sie direkt morgen an. Schließlich möchte meine Tochter reiten und mir liegt viel daran, dass sie das gefahrlos tun kann. Ich habe gerade schon mit dem Vorbesitzer telefoniert – er legt seine Hand dafür ins Feuer, dass das Pferd stets folgsam war. Vielleicht braucht sie auch einfach eine Eingewöhnungsphase. Wir werden sehen. Danke auf jeden Fall für Ihre rasche Hilfe." Mit diesen Worten wandten sich die beiden Herren ab, nur Sophie blieb noch bei mir stehen. Ich streckte den Kopf wieder heraus und ließ mich von ihr streicheln.

„Ich bin Dir nicht böse, Honey", sagte sie leise. „Auch wenn ich mir ganz schön wehgetan habe. Alles wird gut! Du wirst sehen – jetzt hilft uns jemand."

Leider wurde nicht alles gut, denn der Mensch, der nach kaltem Rauch roch, holte mich am nächsten Morgen aus der Box, während eine brennende Zigarette zwischen seinen Zähnen klemmte. Mir wurde fast schlecht von dem Gestank. Leidenschaftslos putzte er mich in Turbotempo und schmiss den Sattel auf meinen Rücken. Dann longierte er mich für ein paar Runden auf dem Reitplatz und wollte sich auf meinen Rücken schwingen. Bevor er jedoch dazu kam, das rechte Bein über meinen Rücken zu schwingen, war ich schon im vollen Galopp und er musste abspringen. Fluchend fing er mich wieder ein und nahm nun beim Aufsteigen meinen linken Zügel so eng, dass ich mir fast selbst in die Schulter biss und mein Maulwinkel schmerzhaft verzogen wurde. Derart zur Bewegungslosigkeit verdammt, konnte ich mich höchstens im Kreis drehen, was ich auch tat. Ich konnte ihn aber so nicht davon abhalten, in meinen Sattel zu klettern. Einmal oben angekommen, ließ er den linken Zügel nicht los, sondern hielt mich in dieser Zwangshaltung und ließ mich drehen. Runde um Runde. Nahm dann blitzschnell den rechten Zügel an und ließ mich in die andere Richtung drehen. Seine Beine klammerten sich dabei wie Stahlfedern um meinen Körper. Wieder war ich in der Zwickmühle. Doch ich war nicht gewillt, das hinzunehmen. Als er den Zügel für einen kurzen Moment locker ließ, sah ich meine Chance und rannte los; raste im schnellen Galopp auf die Bande zu; schlug davor einen Haken; schmiss meine Hinterbeine hoch in die Luft und der Raucher landete brüllend im Zaun. Bockend rannte ich weiter. Ich hatte es geschafft! Bald blieb ich stehen und beobachtete den Raucher, der sich aufrappelte und angehumpelt kam.

„Warte nur, Du Mistkrücke ... so was machst Du mit mir nicht!" Er humpelte zum Platzeingang und kam mit einer Gerte bewaffnet zurück, ergriff meinen Zügel und prügelte mit dem Stock auf mich ein. Ich versuchte wegzurennen, doch seine stählerne Hand hielt mich fest am Zügel. Ich sprang um ihn herum und versuchte zu steigen, was leider nicht funktionierte. Herumdrehen und treten stand auch außer Frage, darum tat ich das einzig Mögliche: Ich sprang einfach auf den Raucher zu und rannte ihn um. Dem hatte er nichts entgegenzusetzen. Er riss die Arme hoch, um seinen Kopf zu schützen, als ich ihn mit meinem vollen Gewicht rammte und ihn zu Fall brachte. Einer meiner Hufe erwischte ihn noch, als er am Boden lag und er schrie laut auf. Das holte die Stallbesitzerin Frau Martin auf den Plan und sie kam herbeigeeilt, um zu sehen, was passiert war. Sie engagierte einen Helfer, der mich einfing und absattelte, während sie sich um den am Boden liegenden Raucher kümmerte. Nach kurzer Zeit kam ein Auto mit ohrenbetäubender Sirene und blinkend blauem Licht angerast, das den Raucher einlud und mitnahm. All das konnte ich aus meinem Fenster beobachten. Ich war zwar noch immer etwas geschockt und mitgenommen von dem, was geschehen war, aber ich hatte mich nicht besiegen lassen und hatte es geschafft, meinen Peiniger loszuwerden. Ich hatte alles richtig gemacht und das gab mir wieder Frieden.

Am Nachmittag tauchte Sophies Vater vor meinem Fenster auf und unterhielt sich mit der Stallbesitzerin.
„Ganz ehrlich, das Pferd ist gemeingefährlich und ich glaube nicht, dass Sophie es jemals wird reiten können! Honey hat einen wirklich exzellenten Reiter abgeworfen, dann über den Haufen gerannt und noch mit Absicht getreten. Also, ich würde sie zurückgeben, und zwar sofort." Sophies Vater runzelte die Stirn und seufzte.
„Ich habe so viel Geld für das Pferd bezahlt – im guten Glauben, das Beste für meine Tochter zu bekommen! Anscheinend hat man uns übers Ohr gehauen. Das Problem ist, dass man mir wirklich erzählte, dass Honey vorher immer brav war und dass sie so etwas vorher nie

gemacht habe. Man wisse gar nicht, was wir hier mit dem Pferd angestellt haben!"

„Ich würde einen Anwalt einschalten", erwiderte Frau Martin. „Und in der Zeit Sophie auf keinen Fall reiten lassen. Mein Bereiter setzt sich auf dieses Monster nicht mehr drauf – das steht fest." Die beiden entfernten sich und unterhielten sich leise weiter. Nach einigen Augenblicken tauchte Sophie auf, blickte mir traurig in die Augen und streichelte meinen Hals.

Ich beugte mich zu ihr hinunter und blies meinen Atem in ihre Locken.

„Ach Honey", sagte sie verzweifelt. „Was ist nur los mit Dir? Gefällt es Dir hier nicht? Vermisst Du Dein zu Hause? Willst Du lieber wieder zurück? Wenn ich Dich doch bloß verstehen könnte. Ich glaube nicht, dass Du böse bist, wie die anderen sagen. Aber ich werde Dich nicht behalten dürfen, wenn Du so weitermachst." Sie streichelte meinen Hals und meine Stirn, bis ihr Vater kam, um sie abzuholen.

Nach diesem Tag traute sich niemand am Hof mehr, mich zu reiten oder auch nur zu longieren. Ich wurde nur noch aus der Box geholt, wenn sie gemistet wurde und danach schnell wieder darin abgestellt. Alle Tage waren für mich gleich: langweilig und zäh. Ich hatte nur mein Fenster, das mich mit der Außenwelt verband. Meine Beine begannen anzulaufen, weil ich zur Bewegungslosigkeit verdammt war. Mein Fell verklebte, weil mich niemand putzte oder mir die Hufe auskratzte. Niemand kümmerte sich um mich. Auch Sophie kam nicht mehr vorbei.

Dann, eines Tages, wurde ich von Frau Martin aus der Box geholt, sorgsam geputzt und gebürstet. Der Hufschmied kam und erneuerte meine Eisen. Ich kannte ihn nicht, ließ ihn aber gewähren – er tat mir ja nicht weh.

„Was für eine Schande", sagte er zur Stallbesitzerin, während er die alten Hufeisen von meinen Füßen entfernte. „So ein vielversprechendes, talentiertes, erfolgreiches Sportpferd. Und jetzt plötzlich nicht mehr reitbar? Sehr merkwürdig finde ich das."

„Tja", entgegnete Frau Martin. „Ist aber so. Leider hat Sophies Vater vor Gericht verloren. Er kann das Pferd nicht zurückgeben. Jetzt hat er mich damit beauftragt, es so schnell wie möglich – egal an wen – zu verkaufen, damit er ein neues Pferd für seine Tochter besorgen kann. Ich habe auch schon eins für ihn: eins meiner ehemaligen Schulpferde. Hätte er mich mal gleich gefragt..."

„Und was passiert mit ihr?", fragte der Hufschmied, richtete sich aus seiner gebückten Haltung auf und deutete mit dem Kinn in meine Richtung.

„Was bleibt mir anderes übrig? Ich gebe sie zum Händler. Was sonst macht man mit einem so jungen und unreitbaren Pferd? Er kommt heute Nachmittag und holt sie ab."

Und so geschah es, dass ich schon wieder mein zu Hause verließ. Ich wurde von einem kleinen, dürren Kurzfellmenschen abgeholt, der mich in einen großen Anhänger verlud, in dem schon zwei andere

Pferde standen. Zusammen fuhren wir stundenlang ohne Pause einem Ziel entgegen, das wir nicht kannten.

Als wir schließlich ankamen, war es mitten in der Nacht und stockdunkel. Der Dürre lud uns wortlos aus und packte uns zusammen in ein enges Paddock, wo ein wenig muffig riechendes Heu für uns bereitlag. Müde von der langen Fahrt machten wir uns darüber her, verteidigten unsere Portion so gut es ging vor den anderen und versuchten dann, etwas Ruhe zu finden. Ich hatte lange nicht draußen übernachtet und empfand die Situation ungewohnt und etwas beängstigend, weil ich um mich herum noch viele andere Pferde wahrnahm, aber nicht sehen konnte. Erst, als es Tag wurde, sah ich, wo ich wirklich gelandet war.

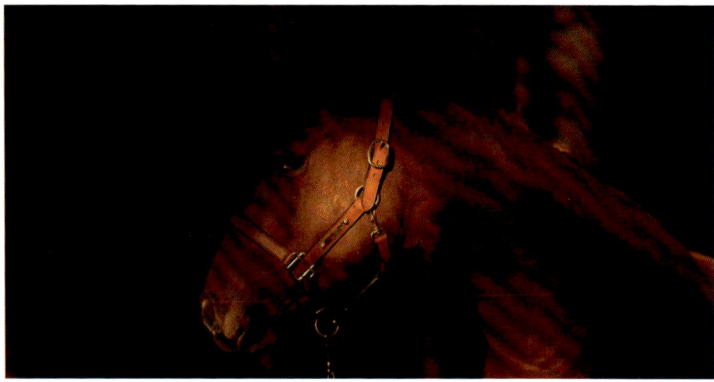

✰✰✰✰✰✰✰✰✰✰✰✰✰✰

Haben Pferde einmal intensiv sehr schlechte Erfahrungen mit dem Menschen gemacht und sind dadurch evtl. sogar traumatisiert worden, unterscheiden sie später nicht mehr zwischen „guten" und „schlechten" Menschen. Alle, die etwas von ihnen wollen, das sie an dieses Trauma oder die schreckliche Erfahrung zurückerinnert, sind erst einmal zum Scheitern verurteilt. Das Pferd wird durch die Handlung des Menschen immer wieder in die leidvolle Situation zurückversetzt. Ein „innerer Film" läuft ab und löst beim Pferd mitunter starkes Abwehr- oder Fluchtverhalten aus. Es kann sehr, sehr lange dauern, bis man eine derart negative Erfahrung aus dem Leben eines Pferdes durch eine positive neue Erfahrung ersetzen bzw. „überschreiben" kann. In vielen Fällen ist so etwas auch überhaupt nicht mehr möglich, denn das Pferd kann einfach nicht „aus seiner Haut" heraus.

Der Mensch muss sich als vertrauenswürdige Autorität präsentieren, damit das Pferd lernt, dass es seine Schutzmauern langsam und gefahrlos abbauen kann.

Einem Pferd, das misshandelt oder brutal trainiert worden ist und ein Abwehrverhalten gegenüber den Menschen zeigt, muss man sehr, sehr viel Geduld, Zeit und Liebe entgegenbringen. Um Erfolg zu haben, muss man dem Pferd klarmachen, dass es auch anders geht. Wie schon gesagt: Pferde vergessen niemals! Die Natur hat es so eingerichtet, dass das Flucht- und Beutetier Pferd sich schlechte Erfahrungen sehr lange merkt. Das hat den wilden Vorfahren unserer Pferde das Überleben gesichert! Darum ist dieser Wesenszug auch in den Köpfen unserer heutigen domestizierten Hauspferde noch sehr stark ausgeprägt.

Das Erinnerungsvermögen von Pferden wurde sehr lange stark unterschätzt. Häufig wurden sie als „dumm" und „oberflächlich" abgestempelt. Das stimmt keineswegs. Vielmehr haben Pferde ein erstaunliches Gedächtnis und können sich ein Leben lang an Artgenossen, Menschen und Ereignisse erinnern.

Tragisch ist es immer, wenn ein traumatisiertes, geschundenes Pferd bei einem liebevollen Menschen landet, der nichts für all die schrecklichen Dinge kann, die dem Pferd widerfahren sind, der aber trotzdem die Quittung dafür bekommt. Ein solcher Mensch muss meist einen langen, mühevollen Weg mit dem Pferd zurücklegen, bevor echtes Vertrauen und eine Partnerschaft für das Tier wieder möglich sind. Leider fehlt den meisten Menschen dafür die Geduld.

Besitzern von „schwierigen", „auffälligen" oder sogar „traumatisierten" Pferden möchte ich raten, sich vor allem Zeit zu nehmen und die Anforderungen an den Vierbeiner an dessen seelischen und körperlichen Zustand anzupassen. Druck, hohe Erwartungen oder überzogene Ansprüche können keine Besserung erzielen. Denken Sie daran: „Der Weg ist das Ziel!"

„Nicht gebraucht werden ist fürchterlich,
aufgebraucht werden schrecklich."
(Walter Ludin)

XIV.
Unbrauchbar

Ich blinzelte ins Sonnenlicht und begutachtete meine beiden Paddock-Genossen. Beide waren schwarz-weiß gescheckt, mit langen dichten Mähnen und dicken Haarpuscheln an den Füßen. So etwas hatte ich noch nie gesehen. Die beiden standen dicht bei einander und kannten sich scheinbar. Ich stand etwas abseits im Nieselregen und blickte über den Zaun auf die Nachbarpaddocks, wo immer mehrere Pferde zusammen untergebracht waren. Gras gab es nicht; dafür lagen überall Pferdeäpfel herum und durch den Regen wurde der Boden immer matschiger. Auf einigen der Ausläufe gab es einen Unterstand, aber bei uns nicht. Die Zäune bestanden aus zusammengeknoteten, zum Teil herabhängenden Drahtlitzen, die an schief stehenden Pfosten befestigt waren. In einem kleinen Gebäude direkt an den Paddocks brannte Licht. Alle Pferde, die ich sehen konnte, standen mit herabhängendem Kopf sehr müde aussehend im Dämmerlicht. Die Atmosphäre dieses Platzes wirkte bedrückend, freudlos und legte sich wie schwerer Nebel auf mein Gemüt. Aber ich spürte nirgendwo Angst oder Panik. Nur manche meiner Artgenossen standen unter Druck, weil sie zu eng zusammengepfercht beieinanderstanden. Von den Mensch-Dingern schien aber keine Bedrohung auszugehen.

Der Tag war schon halb vorbei, als es endlich etwas zu essen gab. Als der dürre Mann mit der Heukarre um die Ecke kam, brach auf den Paddocks Tumult aus. Es wurde gedroht, getreten und gebissen. Der Kampf ums Essen begann. Auf jeden Auslauf warf er nur einen einzigen Heuhaufen, sodass die Stärksten natürlich viel mehr zu fressen hatten als die Schwachen, die oft gar nicht bis ans Futter durchkamen, sondern von den anderen zurückgedrängt wurden und sich von den Resten ernähren mussten. Die beiden Schecken steckten unter einer Decke und versuchten, das ganze Heu für sich zu beanspruchen. Ich musste mich wirklich mit Hufen und Zähnen durchsetzen, um auch etwas abzubekommen. Das war neu für mich – noch nie hatte ich um mein Futter kämpfen müssen.

So standen wir also im Nieselregen und als das Heu aufgebraucht war, dösten wir vor uns hin. Ich war durstig, doch der Wasserbottich, der in einer Ecke des Paddocks stand, war leer. Ich trat gegen das blecherne Becken, um darauf aufmerksam zu machen, dass uns Wasser fehlte, doch von nirgendwo kam eine Reaktion. Der dürre Mann war wieder im Haus verschwunden. Der Tag schlich dahin. Ab und zu kamen irgendwelche Menschen, und eines der Pferde wurde von seinem Paddock geholt und verschwand. Manchmal kam es wieder, manchmal nicht. Wohin es ging, wusste ich natürlich nicht.

Am Abend wurde der Regen stärker und mein Fell war schnell völlig durchweicht. Ich fror – war ich es doch gewohnt, in einem geschlossenen Stall zu stehen. Doch nirgends gab es die Möglichkeit, dem Regen zu entkommen. Müde senkte ich den Kopf und versuchte, in meiner Ecke des Paddocks zu schlafen. Futter gab es keins mehr und mein Magen knurrte die ganze Nacht über.

Am nächsten Morgen hörte der Regen auf und die Sonne ließ sich blicken. Ich genoss die Wärme auf meinem Fell und schloss erneut die Augen.

Irgendwann füllte der Dürre unsere Wasserbottiche auf und brachte uns Heu. So verlief mein Leben, tagein, tagaus ... bis nach fast zwei Wochen erneut Menschen kamen, für die nun *ich* vom Paddock geholt wurde. Der Dürre nahm mich mit; jagte mir, ehe ich mich versah, eine Nadel in den Hals; putzte kurz über meinen Rücken; legte mir dann irgendeinen Sattel auf und schnallte ihn fest. Ich fühlte mich plötzlich etwas benommen und bekam nicht mehr richtig mit, was danach geschah. Ich glaube, dass jemand auf meinen Rücken stieg und mich ritt – aber genau kann ich das nicht sagen. Ich war nicht mehr Herrin meiner Sinne und nahm nicht mehr recht wahr, was mit mir passierte. Die Stimmen der Menschen um mich herum waren verschwommen und drangen wie durch Watte an mein Ohr. Wie in Trance merkte ich, dass ich in einen Anhänger verladen und weggefahren wurde ... und erst gegen Ende der Fahrt wieder richtig aufwachte. Man lud mich aus, und aufgeregt beäugte ich meine neue Umgebung. Ich befand mich auf einem kleinen Hof, konnte noch drei andere Pferde auf einem Auslauf sehen und wurde neben ihnen auf ein angrenzendes Paddock gestellt. Wir beschnupperten uns voller Anspannung über den Zaun, bogen die Hälse zueinander und bliesen uns unseren Atem entgegen. Schließlich wandte ich mich ab und trabte über mein Paddock, um mir alles anzusehen.

Natürlich kam es, wie es kommen musste: Irgendwann versuchten meine neuen Besitzer, mich zu reiten, was natürlich gründlich schief ging. Nach einigen gescheiterten Ritten packte man mich erneut in einen Anhänger und brachte mich zurück zu dem dürren Mann. Wortlos stellte er mich auf mein altes Paddock, auf dem nun bloß noch einer der beiden Schecken stand und mich angiftete.

Wieder vergingen einige Tage, die durch Hunger und Kälte geprägt waren. Mein schönes glänzendes Fell war bald stumpf und struppig. Ich trug Bisswunden von den Kämpfen ums Heu davon und steckte den ein oder anderen Tritt des Schecken ein. Wir mochten uns einfach nicht und ich war froh, als er irgendwann abgeholt wurde und nicht wiederkam.

Auch ich wurde noch zweimal von irgendwelchen Menschen, die vorbeikamen, geritten und mit nach Hause genommen, nachdem der Dürre mir erneut mit der Spritze die Sinne geraubt hatte. Doch jedes Mal kam ich zurück. Ich war unbrauchbar und für die Welt der Menschen ohne Wert, weil ich mich nicht reiten lassen wollte. Weil niemand meinen Willen mehr brechen konnte, wurde ich als ‚heimtückisches Monster' tituliert und abgeschoben. Es war für Wesen wie uns unerwünscht, unsere Meinung zu äußern. Dass wir gedemütigt und gequält wurden, war anscheinend normal. Stillschweigend sollten wir alles Leid erdulden und dem Menschen dienen. Das war unsere Bestimmung. Doch ich wollte überleben. Ich wollte nicht wieder aus dem Inneren heraus sterben und hatte beschlossen, zu kämpfen.

„Ich hätte mir auf diesem Mistvieh fast den Hals gebrochen!", schrie der letzte Mensch, der mich im Anhänger zurückbrachte, den dürren Mann an. „Ich werde Sie anzeigen! Sie versuchen hier, unreitbare Pferde zu verkaufen. Das war nicht das erste Mal! Ich habe mich über Sie erkundigt!" Mit diesen Worten übergab er dem Dürren meinen Strick. „Und jetzt will ich sofort mein Geld zurück!"

Nachdem der Mann wutentbrannt den Hof verlassen hatte, sah der Dürre mich seufzend an.

„Es tut mir leid, aber für Dich ist hier wohl Endstation", sagte er zu mir. „Pferde wie Du machen mir meinen Ruf kaputt. Das kann ich mir nicht leisten." Er zuckte die Schultern. „Naja, wenigstens bekomme ich noch den Schlachtpreis für Dich. Man kann nicht immer gewinnen." Er führte mich zum Paddock zurück und nahm mir den Strick ab. „Leider hab ich da noch so einen Kandidaten. Morgen früh ruf' ich den Abdecker an." Ich blickte ihm nach, während er davon schlurfte.

✯✯✯✯✯✯✯✯✯✯✯✯✯✯

Es ist leider absolut keine Ausnahme, dass dubiose Pferdehändler unreitbare oder anderweitig unhändelbare Tiere in sediertem Zustand ihren Kaufinteressenten vorführen und mit arglistiger Täuschung versuchen, diese Pferde loszuwerden. Sie nehmen in Kauf, dass unwissende Menschen mit diesen Tieren schwere Unfälle erleiden und sie aus schierer Überforderung schließlich zum Schlachter bringen. Solche Händler handeln absolut verantwortungslos und eigennützig. Es ist ihnen egal, ob sie das Leben der Menschen gefährden und das der Pferde zerstören. Die Zukunft solcher armer Wesen ist meist besiegelt: Entweder gehen sie beim Händler von Hand zu Hand oder sie landen recht schnell beim Metzger.

So unvorstellbar es für manchen Pferdebesitzer, der sein Tier über alles liebt, sein mag: Mehr als die Hälfte aller Pferde, die in Deutschland zum Schlachter gebracht werden sind Privatpferde unter acht Jahren, die kerngesund sind und lediglich aus Wut oder Überforderung des Besitzers auf diese Weise „entsorgt" werden.

Pferde, die aus irgendeinem Grund nicht der menschlichen Vorstellung entsprechen, weil sie sich nicht reiten lassen oder andere schlimme „Mängel" aufweisen, sind für uns ohne Wert. Was soll man mit so einem Gaul? Er kostet nur Geld! Also weg damit. Kaum jemand macht sich die Mühe, in die Seele des Pferdes zu blicken und zu ergründen, was dahintersteckt.

Für jedes Problem, das ein Pferd hat, gibt es immer eine Ursache – und diese Ursache müssen wir *IMMER* bei uns Menschen suchen. Es gibt keine Ausnahme. Die Therapie eines „Problempferdes" ist stets eine Chance, an den eigenen Schwächen und Ängsten zu arbeiten, Verantwortung zu übernehmen und über sich hinauszuwachsen. Es ist eine spannende Reise mit ungewissem Ausgang.

„Wer ein Pferd hat, hat den Schlüssel zur Welt."
(Afrikanische Weisheit)

„Ich trage still,
Weil ich nicht will,
Dass man mich höre klagen;
Ich trag allein,
Die Last ist mein,
Kein andrer soll sie tragen.

Ich habe bis auf diesen Tag
Soviel getragen Schmerz und Pein;
Ich hoffe, was da kommen mag,
Es wird nun auch zu tragen sein."
(Friedrich Rückert)

XV.
Endstation

Ein weiterer Tag meines Lebens verging. Ein Tag voller Langeweile, Hunger und Kälte. Aber wenigstens ließ man mich in Ruhe. Niemand verlangte Dinge von mir, die ich nicht ertragen konnte und so nahm ich diese Zeit ohne Höhen und Tiefen als Geschenk an. Am Ende dieses Tages holte der dürre Mann mich vom Paddock und führte mich gemeinsam mit einem kleinen, drahtigen, schwarzen Pferd, das unruhig neben ihm hertänzelte auf einen großen Transporter zu, der vor dem Hof parkte. Meine Vorderhufe berührten die Rampe und ich blickte hinauf in den Innenraum, wo schon mehrere andere Pferde in der Dunkelheit standen. Der Geruch, der mir entgegenschlug, veranlasste mich, nicht weiterzugehen. Angst, Schweiß, Blut und Exkremente lagen in der Luft. Ich war in den letzten Jahren oft verladen worden und hatte mich damit abgefunden, in den klappernden, dunklen Kisten ins Ungewisse gefahren zu werden – aber das hier war anders. Es war, als sollte ich in eine Höhle voller Raubtiere geführt werden. Der Gestank im Innern des Transporters erzählte mir Geschichten von Leid und Tod. Ich wollte kein Teil dieser Geschichten werden. Ich wollte nicht dort hinein. Dem kleinen Schwarzen neben mir ging es genauso. Auch er riss den Kopf hoch, rammte die Hufe in den Boden und blieb wie angewurzelt stehen.

Der dürre Mann fluchte und führte uns wieder von der Rampe herunter, als ein anderer dicker, schwitzender Mensch von vorne um das Fahrzeug herumgelaufen kam und schwer atmete. Wortlos drückte der Dürre ihm meinen Führstrick in die Hand und versuchte nun zuerst den Schwarzen zu verladen. Unruhig wich ich vor dem dicken Mann zurück – auch er roch nach der Todesangst vieler Tiere und ich wäre am liebsten weggelaufen. Schließlich band er mich an dem Transporter fest, um dem Dürren mit dem kleinen Schwarzen zu helfen, der sich irgendwann von den beiden Männern in den Transporter einladen ließ. Eine Zwischenwand schloss sich quietschend und der dürre Mann band mich los und versuchte erneut, mich auf die Rampe zu führen. Es dauerte Stunden, in denen die Männer mir die Augen verbanden, fluchten, auf mich einprügelten, mich mit Futter bestachen und mir mit Seilen die Beine festbanden, bis ich schließlich erschöpft und entkräftet durch den Futtermangel aufgab und sich die Tür des Transporters hinter mir schloss.

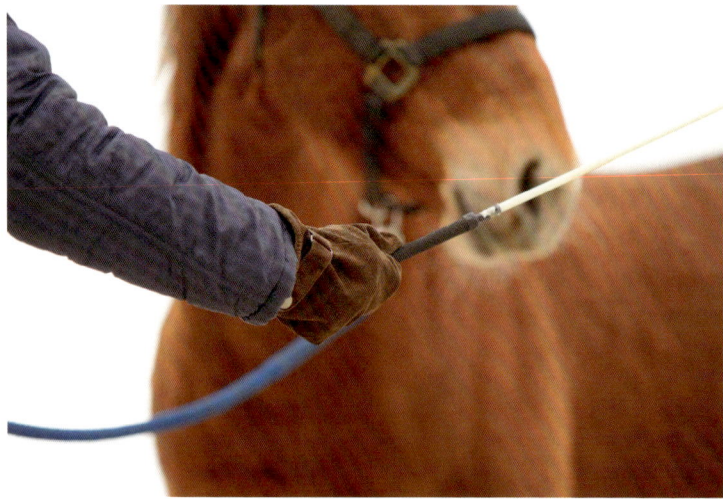

Die Atmosphäre im Inneren war fast unerträglich. Dicht aneinander standen wir in völliger Dunkelheit in diesem Geruch, der an den Wänden klebte und im Boden festsaß. Es roch auch noch nach anderen Tieren, die mir unbekannt waren. Ich schwitzte und zitterte am ganzen Körper. Dem kleinen Schwarzen neben mir erging es genauso; doch Gott sei Dank dauerte die Fahrt nicht allzu lange. Als wir an unserem Bestimmungsort ankamen, der Motor des Fahrzeugs abgeschaltet und die schwere Rampe geöffnet wurde, war es draußen schon dunkel und man brachte uns alle in ein hell erleuchtetes, gekacheltes Gebäude. Es waren nicht nur Pferde in dem Transporter gewesen, sondern auch kleinere Tiere mit kurzen Hälsen und Hörnern, die ich noch nie gesehen hatte. Sie machten merkwürdige Geräusche und flößten mir Angst ein. Halb gelähmt vor Beklemmung ließ ich mich von dem dicken Mann und einem Gehilfen ins Innere des Raumes führen. Auch hier herrschte dieser Geruch nach unvorstellbarem Schrecken – noch intensiver als im Transporter.

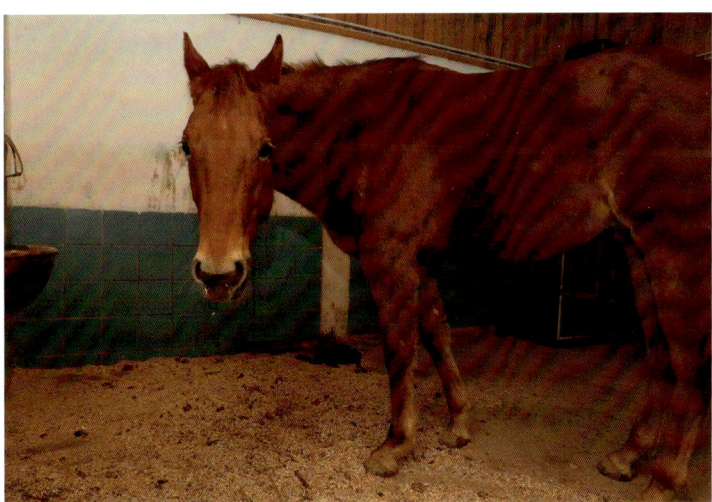

Wir wurden schon erwartet. Zwei Menschen mit kurzem Fell und weißen Kitteln nahmen uns in Empfang und begannen sofort, uns Blut abzunehmen, zu wiegen, Augen und Zähne zu untersuchen und uns abzutasten. Ich ließ alles starr vor Schreck mit mir geschehen und sah, wie der weißbekittelte Mensch an meiner Seite etwas in ein Buch kritzelte und sich an den Dicken wandte.

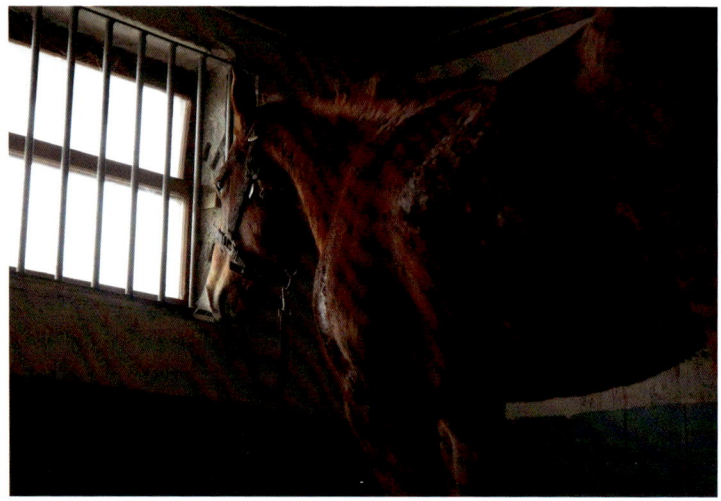

„Diese hier in Gruppe zwei", sagte er und drückte dem Dicken das Buch und meinen Führstrick in die Hand. Wir gingen an den anderen Pferden vorbei wieder aus dem Raum heraus. Auch mein kleiner schwarzer Begleiter folgte uns – mit ihm noch zwei andere. Die restlichen Pferde blieben hinter uns zurück, als ein großes Tor zugeschoben wurde und wir in Dunkelheit gehüllt wurden. Ich hatte natürlich keine Ahnung, was ‚Gruppe zwei' bedeutete. Ich wusste nicht, dass dieser Stempel mit der Nummer zwei mich vor dem sofortigen Tod bewahrt hatte. Meine Artgenossen in Gruppe eins wurden noch am gleichen Abend mit dem Bolzenschussgerät getötet, während wir in Gruppe zwei noch eine allerletzte Chance bekamen, zu überleben: Beim Schlachtpferdeverkauf am nächsten Tag. Aber all das wusste ich nicht, als man uns vier draußen unter freiem Himmel in zwei verschiedene Pferche sperrte, in denen wir uns gerade einmal umdrehen konnten, ohne uns gegenseitig zu berühren. Der kleine Schwarze und ich hatten schon im Transporter nebeneinander gestanden und Frieden geschlossen, während vom Nachbarpferch Quietschen und Hufgetrappel bis in die Nacht hinein zu hören war. Wir beide standen nebeneinander und versuchten, Ruhe zu finden. Der Schwarze hatte noch viel mehr Angst als ich und sein Herz raste. Es gab eine automatische Tränke, aber nichts zu Essen. Kein Fitzelchen Heu, kein Halm Stroh und erst recht kein Gras. So dösten wir mit knurrendem Magen vor uns hin, bis es schließlich hell wurde.

Auch dann kam niemand, um uns zu füttern. Mein leerer Magen schmerzte und machte mich aggressiv. Unsere beiden Nachbarn indes hatten den Kampf aufgegeben und beschlossen, ihre Kräfte ebenfalls zu sparen. Grau zog dieser Tag vorbei und nichts geschah – rein gar nichts. Bis sich irgendwann am Nachmittag das große Tor öffnete und einige Menschen in den Hof strömten, auf dem unsere Pferche sich befanden. Sie kamen allein oder in Gruppen, schlenderten vor den Pferchen auf und ab und bald schon war ich alleine, denn mein kleiner schwarzer Begleiter wurde von zwei Langfellmenschen mitgenommen und kam nicht zurück. Auch einer meiner Nachbarn verschwand auf die gleiche Weise, sodass ich mit dem Pferd im Nebenpferch alleine übrig blieb, als es wieder zu dämmern anfing. Ich schloss die Augen und versuchte, den Hunger zu verdrängen und zu schlafen. Nur noch selten kamen nun einzelne Menschen an unsere Ausläufe und blieben leise redend bei uns stehen. Ich war in Gedanken ganz woanders: auf einer grünen Wiese, im Sonnenlicht, mit meinen Freunden spielend, im dichten Gras, durch das sanft der Wind fuhr. Die Vögel zwitscherten und ich fühlte mich wohl und gut behütet. Kein Leid konnte mir widerfahren. Was für ein wunderbarer Traum.

„Nein! Nein, das glaube ich nicht!" Die Stimme drang wie von Fern an mein Ohr und ich war nicht sicher, ob es Teil meiner Vorstellung war oder Wirklichkeit. Ich wollte es aber auch gar nicht herausfinden und blendete aus, was draußen geschah.
„Ich kenne dieses Pferd. Ganz sicher sogar. Darf ich mal den Equidenpass sehen?" Langsam entfernte sich die Stimme und wurde zum Gemurmel, um dann wieder lauter zu werden. Direkt vor meinem Gesicht.
„Honey? Honey, meine Liebe?" Jemand streckte die Hand nach mir aus und berührte mich an der Stirn.

Ich öffnete die Augen. Sah einen Menschen vor mir, den ich von irgendwoher kannte. Suchte nach einem Gefühl, das mich mit ihm verband. Konnte keines finden. Zu viele Menschen waren in mein Leben getreten und hatten mich enttäuscht, missbraucht und missverstanden. Ich schloss die Augen wieder. Das Tor zu meinem Pferch öffnete sich und der Mensch kam zu mir herein, streichelte mich und vergrub sein Gesicht in meinem struppigen, schmutzigen Fell. Umarmte mich und kratzte meine Brust. Ich ließ alles geschehen, fühlte aber noch immer nichts als Hunger und Kälte.

„Ich nehme sie mit. Was wollen sie für sie haben?", hörte ich wieder die Stimme.

„Da muss ich eben nachschauen, was sie wiegt – Schlachtpferde werden ja nach Gewicht verkauft! Moment!" Diese zweite Stimme entfernte sich rasch und dafür kam eine dritte ins Spiel.

„Sag mal, bist Du noch ganz richtig im Kopf?!", brüllte diese. Ich öffnete erschrocken die Augen. „Ganz ehrlich, Louise … Du kannst nicht mehr ganz bei Trost sein. Das kommt überhaupt nicht in Frage! Dieses Pferd setzt keinen Fuß mehr auf meinen Hof! Im Leben nicht!"

„Weißt Du was, Marc?" Das war wieder die Stimme des Menschen an meiner Seite. „Ich habe Dich gar nicht um Deine Meinung gebeten. Ich habe dieses Pferd großgezogen und ich nehme sie mit. Sie wird sonst geschlachtet, ist Dir das klar?"

„Na hoffentlich! Sie war als Fohlen schon ein aufsässiges Monster. Ich bin froh, dass wir sie losgeworden sind. Kommt gar nicht in Frage. Die kommt mir auch nicht auf meinen Hänger! Basta!"

„Weißt Du was, Marc? Fahr zur Hölle – und nimm Deinen Hänger gleich mit. Honey ist sowieso nie gern gefahren. Wir gehen zu Fuß. Und wir brauchen Deinen Stall nicht. Wir kommen gut alleine klar."

Mit diesen Worten wurde ich aus dem Pferch herausgeführt, an einem verdutzt blickenden Marc vorbei; durch die große Halle, die nach Tod und Sterben roch – hinaus auf die Straße. Einen Weg entlang, immer geradeaus. Wieder einmal einem unbekannten Ziel entgegen. Ich sog den Geruch des Langfellmenschen an meiner Seite ein und suchte in meinem Kopf nach Erinnerungen, die ganz greifbar schienen und doch in einem Abgrund unerreichbar vor sich hinschlummerten. Und doch... Während wir Seite an Seite den Weg entlangliefen, spürte ich ein fast vergessenes Gefühl ganz vorsichtig in mir keimen wie eine zarte Pflanze, die versucht, ihr Gesicht in die Sonne zu strecken: Hoffnung.

„Es steht geschrieben, dass die Hoffnung zuletzt stirbt. Aber weißt du, wer ihr dabei zusieht? Es ist die Liebe! Die Liebe hält die Hoffnung in ihren Armen und wenn sie stirbt, dann ist da nur noch Liebe, die dich trägt."

(Petra Speth)

Susanne Kreuer

Pferdeverhalten verstehen

Wege aus der Krise

Mit einem Vorwort von
Dr. Alfonso Aguilar

Pepper Verlag, 2014

ISBN 978-3981646702

229 Seiten

116 Farbfotos
zahlreiche Zeichnungen

Paperback 24,90

www.pferde-verstehen.info

Je mehr wir das Verhalten von Pferden verstehen, umso vertrauensvoller ist die Beziehung zu unserem Pferd. Für Pferde ist Pferdeverhalten immer logisch. Dem Menschen hingegen erschließt sich so manches „Problemverhalten" seines Vierbeiners häufig nicht. Aber gibt es überhaupt sog. „Problempferde" im eigentlichen Wortsinn? Oder spiegeln auffällige Pferde durch ihr unerwünschtes Verhalten nicht vielmehr die Probleme der Menschen in ihrer Umgebung wider?

Kompetent und basierend auf neuesten Forschungsergebnissen gibt Susanne Kreuer ihre Erfahrungen auf verständliche Weise weiter. Nachvollziehbar werden die Ursachen und Auslöser von Verhaltensstörungen, Problemen und Auffälligkeiten dargelegt. Praxisnahe Erkenntnisse und verbesserte Methoden bringen neue Einsichten für die pferdegerechte Haltung, den täglichen Umgang und die Therapie von Pferd und Mensch.

Dieses Buch zeigt anhand vieler Fallbeispiele und praktischer Übungen Wege aus der Krise auf und erklärt, wie Pferde in ihrem Wesen besser begriffen und gefördert werden können.

Wunderbare Tiere, traumhaftes Licht und ganz viel Emotionen – Bilder, die eine ganz besondere Stimmung transportieren. Genau das fängt die 25-jährige Fotografin Jasmin Ziegler seit Jahren mit ihrer Kamera ein. Sie hält mit Ihren Bildern Momente fest, die einen träumen lassen.

FOTOGRAFIE

Jasmin Ziegler

Große Wiese 57

D-96114 Hirschaid

E-Mail: info@jasmin-ziegler.de

Webseite: www.jasmin-ziegler.de

Pepper Verlag

kontakt@pepper-verlag.de

www.pepper-verlag.de
www,pferde-verstehen.info